新人日本語教師のためのお助け便利帖

鴻野豊子・高木美嘉 著

SE
SHOEISHA

本書内容に関するお問い合わせについて

このたびは翔泳社の書籍をお買い上げいただき、誠にありがとうございます。弊社では、読者の皆様からのお問い合わせに適切に対応させていただくため、以下のガイドラインへのご協力をお願い致しております。下記項目をお読みいただき、手順に従ってお問い合わせください。

●ご質問される前に
弊社Webサイトの「正誤表」をご参照ください。これまでに判明した正誤や追加情報を掲載しています。

　　　正誤表　https://www.shoeisha.co.jp/book/errata/

●ご質問方法
弊社Webサイトの「刊行物Q&A」をご利用ください。

　　　刊行物Q&A　https://www.shoeisha.co.jp/book/qa/

インターネットをご利用でない場合は、FAXまたは郵便にて、下記"翔泳社 愛読者サービスセンター"までお問い合わせください。
電話でのご質問は、お受けしておりません。

●回答について
回答は、ご質問いただいた手段によってご返事申し上げます。ご質問の内容によっては、回答に数日ないしはそれ以上の期間を要する場合があります。

●ご質問に際してのご注意
本書の対象を越えるもの、記述個所を特定されないもの、また読者固有の環境に起因するご質問等にはお答えできませんので、予めご了承ください。

●郵便物送付先およびFAX番号

　　　送付先住所　〒160-0006　東京都新宿区舟町5
　　　FAX番号　　03-5362-3818
　　　宛先　　　　（株）翔泳社 愛読者サービスセンター

※本書に記載されたURL等は予告なく変更される場合があります。
※本書の出版にあたっては正確な記述につとめましたが、著者や出版社などのいずれも、本書の内容に対してなんらかの保証をするものではなく、内容やサンプルに基づくいかなる運用結果に関してもいっさいの責任を負いません。

はじめに

「導入がうまくできなかった」
「ディスカッションが盛り上がらなかった」

　日々の授業では、毎回さまざまな問題や悩みが生じます。しかし、そこで生じた問題を解決するためには、養成講座や検定試験の勉強で得た知識だけでは足りません。授業の組み立てに悩んだ時、またクラスで問題が生じた時、みなさんはどのようにその問題を解決しているでしょうか。すぐ近くに丁寧に教えてくれるベテラン教師やいっしょに話し合える同僚の教師がいればいいですが、自分自身で解決していかなければならないこともあるでしょう。

　本書では、新人教師が現場で「壁」にぶつかったときに役立つ実践的な知識をまとめました。本書で取り上げたケースは、教師ならだれもが一度は経験するものばかりです。本書は、著者の失敗や経験から得てきたことをもとに書かれていますが、読者のみなさんには、本書で紹介した解決法を参考に、学習者の声に耳を傾け、ご自身に合った教え方を見つけていただけたらと思います。

　教えて日の浅い新人教師だけでなく、ベテラン教師であっても悩みがつきることはありません。それは日本語のクラスは教師一人で作るものではなく、学習者とともに作り上げていくものだからです。入念に準備をして授業に臨んでも、学習者から思わぬ反応が返ってくることもしばしばです。しかし、だからこそ、日本語を教えることは楽しいのです。

　最後になりましたが、本書出版に当たっては、多くの方々のご協力をいただきました。翔泳社の野口亜由子さん、編集者の青山美佳さんには、いつも的確な御指摘をしていただき、大変お世話になりました。心より御礼申し上げます。

鴻野豊子・高木美嘉

新人日本語教師のためのお助け便利帖 目次

はじめに………3

本書の構成と使い方………10

本書を読むにあたって………12

第1章　教室活動、ココで困った！………15

授業準備①
01　時間が足りなくなったり、余ってしまったりします。………16

授業準備②
02　学習者にぴったりの教科書が見つからなくて困っています。………18

授業準備③
03　教科書の練習問題をしているうちに学習者が飽きてしまいます。………20

授業準備④
04　語彙の説明のために実物を準備するのが負担になってきました。………22

導入①
05　教師用指導書通りに導入したのにうまくいきませんでした。………26

コラム　私が新米教師だった頃①　学習者の沈黙が怖かった………29

導入②
06　文型を導入するとき、絵カードで意図を伝えることができませんでした。………30

導入③
07　板書する場所がいつも足りなくなって見にくくなってしまいます。………32

導入④
08　学習者がわかったかどうかがわかりません。………34

導入⑤
09　導入のとき、教師が一方的に話しているような気がします。………36

コラム　私が新米教師だった頃②　大人数クラスへの指示に自信が持てなかった………39

練習①
10　授業が単調になってしまいます。………40

練習②
11　リピートや形の練習のとき、声を出してくれません。………42

練習③
12　復習クイズの正答率があまりよくありません。………44

応用練習①
13　応用練習がうまくさせられません。………46

コラム　「著作権」について知っておこう………49

応用練習②
14　クラスに一体感が生まれず、活動が盛り上がりません。………50

応用練習③
15　中級レベルになったのに、なかなか複文を使いません。………52

応用練習④
16　感謝するはずのところで「〜てくれる」が出てきません。………54

第2章　科目別、ココで困った！………57

文型の授業①
01　テ形がなかなか定着しません。………58

文型の授業②
02　受身形がなかなか出てきません。………62

文型の授業③
03　本来使われない場面で「〜んです」を使う学習者がいます。………64

文型の授業④
04　名詞修飾文がすらすらと出てきません。………66

文型の授業⑤
05　自他動詞の暗記で精一杯…。単調にならない導入方法が知りたいです。………68

文型の授業⑥
06　授受の使い分けで混乱しているようです。………70

コラム　敬語の仕組み………73

文型の授業⑦
07　学生が敬語は必要ないと思い込んでいます。………74

文型の授業⑧
08　中級でも初級文法を教える方法で教えていいでしょうか。………76

コラム　学習者の日本語能力を測る試験………78
　　　　　　日本語能力試験／日本留学試験／ビジネス日本語能力検定試験

作文の授業①
09　マニュアル通りに作文の授業をしても書けない学習者がいます。………80

作文の授業②
10　作文のテーマの決め方がわかりません。………82

　　資料　作文の構成を考えるためのシート例………85

作文の授業③
11　学習者が作文の添削をあまり読んでいないようです。………86

作文の授業④
12　内容優先か、正確さ優先か…。作文の評価が難しいです。………88

発音の授業①
13　「発音」だけで１コマ教えることになりました…。………90

　　コラム　日本語らしい発音とは？………93

発音の授業②
14　読解の授業中に発音を訂正してもいいのでしょうか。………94

発音の授業③
15　発音の評価の仕方がわかりません。………96

　　資料　学習者が音を聞き分けられているかどうかのチェック法………98

日常会話の授業①
16　テキストの会話はこなせても実際の会話力につながりません。………100

日常会話の授業②
17　よいフィードバックとなる会話の評価方法が知りたいです。………102

　　資料　会話の評価シート………104

　　コラム　コミュニケーション能力………105

日常会話の授業③
18　会話の中に現れる誤用の訂正方法を知りたいです。………106

スピーチ・ディスカッションの授業①
19　スピーチのテーマがなかなか決められないようです。………108

スピーチ・ディスカッションの授業②
20　スピーチの評価がいつも「よくがんばりました」になってしまいます。………110

スピーチ・ディスカッションの授業③
21　書く授業なのに口頭発表の準備に時間を取られすぎています。………112

スピーチ・ディスカッションの授業④
22　話し合いが盛り上がりません。………114

聴解の授業①
23　聴解力の向上につながるような聴解授業をしたいです。………116

聴解の授業②
24　実生活で役立つ聞き方を身に付けさせるための方法が知りたいです。………118

聴解の授業③
25　聴解力を評価するのにどんなことに注意したらいいですか。………120

聴解の授業④
26　実社会で役立つ聴解力につながるような評価方法はないでしょうか。………122

聴解の授業⑤
27　聴解教材の内容に興味を持ってくれません。………124

読解の授業①
28　短期コースでの読解クラスの教材は何がいいでしょうか。………126

読解の授業②
29　読解授業が新出単語や文法を追うだけで終わってしまいます。………128

読解の授業③
30　読解の授業ではどんなテストをすればいいですか。………130

読解の授業④
31　読解のフィードバックの方法が知りたいです。………132

コラム　私が新米教師だった頃③　作文テーマを学習者に決めさせた結果…………135

漢字の授業①
32　既習漢字を使うようにしてもらうにはどうしたらいいでしょうか。………136

漢字の授業②
33　漢字圏と非漢字圏の学習者がいるクラスでは
　　漢字の授業をどうしたらいいですか。………138

漢字の授業③
34　すべての漢字をイメージ（絵）で覚えたがる学習者がいます。………140

漢字の授業④
35　漢字の添削で訂正をどこまで入れたらいいか迷います。………142

漢字の授業⑤
36　中上級のクラスの漢字はどう教えたらいいでしょうか。………144

資料　語彙マップの例………146

コラム　辞書を使った漢字授業………147

表記の授業①
37　正しく書くことを意識させたいです。………148

表記の授業②
　38　作文の添削で表記の指摘をどこまでしたらよいでしょうか。………150

語彙の授業①
　39　言葉の意味の説明がうまくできません。………152

語彙の授業②
　40　新出語彙リスト以外の語彙はいつ導入したらいいでしょうか。………156

日本事情の授業①
　41　日本の伝統的な食事を調べたら日本文化がわかると思ったのですが…。………158

日本事情の授業②
　42　課外活動をどう学習につなげたらいいか、わかりません。………160

　コラム　課外授業の実例紹介………162

第3章　クラス運営、ココで困った！ ………165

教師側の問題①
　01　授業中、学習者の突然の質問に答えられないことがあります。………166

教師側の問題②
　02　学習者の名前が覚えられなくて、
　　　教室での指示がもたもたしてしまいます…。………168

　コラム　大人数のクラスにおける活動の具体例………171

教師側の問題③
　03　ペアの組ませ方が悪いのか、学習者が練習してくれません。………172

教師側の問題④
　04　日本人ボランティアをうまく活用できません。………174

教師側の問題⑤
　05　クラス内の日本語能力にレベル差があり、授業が予定通りに進みません。………176

教師側の問題⑥
　06　質問を繰り返したら、学習者を困惑させてしまいました…。………178

教師側の問題⑦
　07　初級の学習者に活動の説明をしてもわかってもらえず、
　　　混乱を招いてしまいます。………180

　コラム　私が新米教師だった頃④　学習者を見る余裕がなかった………183

学習者側の問題①
　08　学習意欲の低下に悩まされています。………184

　コラム　入管法について理解しておこう………185

学習者側の問題②
09 成績に関してのクレーム、感情的になる学習者への対処法は？ ……… 186

学習者側の問題③
10 すぐに英語（母語）を使ってしまう学習者がいます。 ……… 190

学習者側の問題④
11 ノートをとってばかりで、ぜんぜん口が動いていない学習者がいます。 ……… 192

学習者側の問題⑤
12 すぐ辞書に頼ろうとする学習者がいます。 ……… 194

学習者側の問題⑥
13 授業が脱線してしまいます。 ……… 196

学習者側の問題⑦
14 クラスでの発言の機会が偏ってしまいます。 ……… 198

コラム　私が新米教師だった頃⑤　学習者の急な質問に答えるのが苦手だった ……… 201

対象別の問題①
15 大人数のクラスをまかされて、毎日てんてこ舞いです。 ……… 202

対象別の問題②
16 プライベートレッスンでの教え方がわかりません。 ……… 204

対象別の問題③
17 年少者への教え方がわかりません。 ……… 206

対象別の問題④
18 社会人として経験豊富なビジネスパーソンに適した練習とは？ ……… 208

コラム　　言葉探し〜辞書から適切な言葉を探す ……… 211

巻末付録 ……… 213

聴解力評価表 ……… 214

教師が学習目標を設定したり学習方法を考えたりするための調査例 ……… 215

課外活動「防災館へ行こう」教材資料 ……… 216

教案紹介 ……… 218

索引 ……… 223

本書の構成と使い方

　本書は日本語教師がだれもが一度は思う疑問と、それに答えるヒントがたくさん掲載されています。日本語教師にこれからなる方、日本語教師になって日が浅い方からすでに何年か教えている方まで幅広く使えます。

● 母語
対象となる学習者の母語です。

● ケース番号
各章ごとに通し番号が振られています。

● 新人教師の悩み
新人教師が悩んでいることを具体的に挙げています。

● 1. ココに注目！
自分の授業を振り返り、どんなところに問題があったのかに気付いてもらうための質問です。まず、ここで考えてから、次の「2. 解決法」を読むことをお勧めします。

● 2. 解決法
1. で考えた観点に基づいて、具体的にどのような手順や方法で解決策を考えていったらいいのか、説明しています。

---

07 導入③　母語 すべての言語　レベル 初級以上　クラス規模 不問

> 「板書する場所がいつも足りなくなって見にくくなってしまいます。」

板書計画を自分なりに立てて授業に臨んでいるつもりなのですが、いつも板書する場所が足りなくなり、端の方がどんどん小さい字になって、読みにくくなってしまいます。きれいな板書を書く基本をもう一度おさらいしたいです。

1 ココに注目！
- □「学習者にとってわかりやすい板書」を心掛けていますか。
- □ 自分の板書の書き方のルールをおおまかに作っていますか（色の意味、矢印の形、文型の書き方、決まった順番等）。
- □ 伝えようとする情報が多すぎることはありませんか。

2 解決法
板書計画＝授業計画といってもよいでしょう。その授業の学習目標（何がわかるようになるか、何ができるようになるか）、そのための学習項目（何を学ぶのか）について、教師自身が授業準備で明らかにしておくことが板書計画の大前提です。それらが明らかになっていれば、何を優先的に書けばいいか、どんな情報を省略してもいいか、授業計画を立てながら点検することができるはずです。

板書は学習者の理解を助けるためのもの
　板書は先生のメモ帳やノートではなく、あくまでも<u>学習者の理解を助けるツール</u>です。自分が外国語を勉強する学習者だったら、どんな板書が理解を助けてくれるか考えてみるのも参考になるでしょう。例えば、次のような板書は助けになるのではないでしょうか。

Point
- 言葉で説明すると複雑なことが図解、イラスト、記号等で簡潔に示されている。
- その授業の学習目標が一目瞭然に書かれている。
- 整然と書かれており、あちこち目移りすることなく落ち着いて見られる。
- 板書をメモしておくと復習に役立つ（後で見返しても要点が思い出せる）。
- 適度な情報量にまとまっている（過度な情報はメモに時間がかかって授業に集中できない）。

32

本書の構成

本書は大きく3章に分かれています。第1章では、「授業準備→導入→練習→応用練習」という教室活動の流れの中で出てくる疑問に、第2章では文型、作文、聴解、読解、会話、漢字、語彙、日本事情等の科目別に出てくる疑問に、第3章は、クラス運営に関わる問題点について答えていきます。

巻末には、すぐに役立つテンプレートや教案等があります。

各ケースの読み方

1つのケースは、見開きを基本として新人教師の悩みと解決法が掲載されています。

● レベル

初級、初中級、中級、中上級、上級などがあります。レベルについては「本書を読むにあたって（→p.12）をご覧ください。

● クラス規模

クラスに所属する学習者数によって「大人数」「10人程度」「プライベート」などに分けられています。特に規模を問わないものは「不問」と示しています。

● 3. ここがポイント！

最初の「新人教師の悩み」に対する回答です。「2．解決策」で紹介したことのまとめにもなっています。

自分なりに板書のルールを作っておく

ある期間継続する授業であれば、チーム・ティーチングの教師間で板書のルールを決めておく、あるいはそれぞれの教師が、その教師なりの書き方を決めておくと、学習者も次第に書き方や記号の意味に慣れてきて、さらにわかりやすくなるでしょう。ここは是非、自分の個性や特技（例：絵が上手、図式化が得意、わかりやすい字が書ける、要点を上手にまとめられる等）を存分に活かして工夫してみましょう。

工夫例1 毎回、定位置に決められたことを書く

例 毎回、黒板（白板）の左上に、その日の到達目標、文型、主な新出語彙を明示しておく

```
目標：アドバイスする
    A「あたまがいたいです」
    B「はやく　ねたほうがいいですよ」
文型 [た] ほうがいいです（よ）。
新しいことば：くすり・かぜ・がいたい・はやく・ゆっくり・すぐ（に）・やすむ・いそぐ・じゅんびする・もっていく
```

工夫例2 文型導入のときの例文の書き方を同じにする

例 助詞は下線を引く、名詞はN、動詞はV、形容詞はAと表す、(場所)とかっこでくくる等

```
6課   私は 教室で 日本語を 勉強します。
      Nは （場所）で  Nを  Vます。
18課  私のしゅみは 映画を 見ることです。
      私のしゅみは  Nを  V辞書形 ことです。
23課  あっそうです。
      A　そうです
```

工夫例3 いつも同じ大きさの字で書くようにする。あるいは字の大小の役割を決めておく。

また、マジックやチョークで書くだけでなく、必要な絵カードや文字カードを提出順に準備しておき、授業の進行に沿って黒板（白板）に順次貼っていくという方法も印象に残りやすく有効です。機材さえ揃っていれば、OHP（オーバーヘッドプロジェクタ）やコンピュータのスライド機能を板書として利用することもできるでしょう。

3 ここがポイント！

「きれいな板書」というよりは、「理解を助ける板書」を目指しましょう。わからなくなったら学習者目線で考えるのも有効ですし、発表やプレゼンテーションにおいてどんな資料がわかりやすいかといった一般的な社会人のノウハウを参考にしてもいいですね。

本書を読むにあたって

日本語の授業の流れについて

　本書では基本的な「日本語の授業の流れ」を次のように想定しています。各テーマを読む際の参考にしてください。

ウォーミングアップ ▶ 文型導入 ▶ 形の練習 ▶ 応用練習 ▶ まとめ

流れ	活動内容	例
ウォーミングアップ	学習者がリラックスして授業を受けられるような雰囲気を作る。	● きのうの出来事について話す ● 前回の復習をする
文型導入	新しい文型について、その意味や使い方を示す。板書やわかったかどうかの確認もここで行う。	イ形容詞／ナ形容詞 ● 絵カードを見せ、意味を理解させる ● 板書をして文の構造を示す
形の練習	導入でわかったことを覚える練習をする。ここでは機械的なドリルを繰り返し行うことで、記憶にとどめたり、すらすら言えるようにしたりする。	● 絵カードを見せ、形容詞を言わせていく ● 否定形の変形ドリルをする 　おおきいです 　　→おおきくないです 　きれいです 　　→きれいじゃないです
応用練習	導入でわかったことを使えるように練習する。文型を定着させ、運用できるようにするために、会話練習や文作り、ゲームなどさまざまな活動が行われる。	● 形容詞を使って文を作り、クラスメートにインタビューする 　日本のたべものは 　　おいしいですか。 　　――はい／いいえ
まとめ	授業で学習したことのまとめを行う。	● 形容詞文のディクテーションをする ● 授業後のことについて話す

レベルについて

本書では、学習者のレベルを次のように想定しています。

初級	日本語学習150時間修了程度。日本語能力試験N5合格レベル
初中級	日本語学習300時間修了程度。日本語能力試験N4合格レベル
中級	日本語学習450時間修了程度。日本語能力試験N3合格レベル
中上級	日本語学習600時間修了程度。日本語能力試験N2合格レベル
上級	日本語学習900時間修了程度。日本語能力試験N1合格レベル

専門用語について

　本書は日本語教育をある程度学習した方を想定して解説をしております。そのため、基本的な用語についての解説は入っておりません。

第1章

教室活動、ココで困った!

1章では、「授業準備→導入→練習→応用練習」という教室活動の流れの中で、壁に当たって悩んでいる新人教師の方の質問に答えます。授業のやり方のどこに問題があるのかを探り、具体的な解決策を考えていきます。

01 授業準備① 母語 すべての言語　レベル 初級　クラス規模 10人程度

「時間が足りなくなったり、余ってしまったりします。」

今日の授業では、導入と練習に時間がかかってしまい、応用練習の時間がほとんどとれませんでした。一方、先日の授業では準備していたことが思っていたよりも早く終わってしまい、時間が余って困りました。教案を書く際、時間配分についても考えているつもりなのですが、実際にはその時間を守ることができません。時間配分をうまくするにはどうしたらいいのでしょうか。

1 ココに注目！

- ☐ 教案を書くとき、どうやって時間配分を決めましたか。
- ☐ 時間が足りなくなってしまった／余ってしまった原因は何だと考えられますか。
- ☐ 時間が余ってしまった場合に何をするかを考えてありましたか。

2 解決法

基本的な時間配分は「導入＜練習＜応用練習」です。教案には、導入、練習、応用練習にかかる時間を具体的に考えて書き込みます。運用力を付けられるように、できるだけ応用練習に時間を充てましょう。

導入、練習、応用練習以外に、授業の最初と最後に3〜5分程度の「ウォーミングアップ」「まとめ」の時間が入ります。この割合は学習項目によって多少変わってきますが（例：テ形…活用の練習に時間をより多く使う）、**「導入」「練習」「応用練習」が授業の中に組み込まれていることが重要**です。クラスの人数やメンバーによっても時間のかかり方も変わってきますので、教えることに慣れるまでは、**教案を書いたら実際に学習者が目の前にいると想定して一通りシミュレーションしてみる**ことをお勧めします。

時間通りに進められなかった原因を探る

クラスの人数や学習者の理解度などを十分考慮して教案を作っても、うまくいかないことはよくあります。時間が足りなくなってしまう原因には、次のようなことが考えられます。

> **Point**
> - **教師側の問題**：説明に時間がかかる、準備していったものはすべてやろうとする
> - **学習者側の問題**：質問が多い、発話が長い、理解に時間がかかる
> - **学習内容の問題**：そもそもやることを詰め込みすぎる

授業後は、導入、練習、応用練習、それぞれを振り返り、何に時間がかかってしまったのか、

その具体的な原因を探ります。

　早く進みすぎて時間が余った場合にも、学習者はきちんと理解できていたのか、練習は十分だったか、余った時間は有効に使えたか等、授業後に振り返ってみるといいでしょう。授業記録に残しておけば、次に同じ項目を教える際の参考になります。

練習の仕方を変えてみる

　時間がある場合、時間がない場合、それぞれについて練習の仕方を工夫してみましょう。

> **例　教科書の練習問題**
>
> 〜そうです
> 1）きょうは暑くなります。　　→　きょうは暑くなりそうです。
> 2）今週は雨が続きます。　　　→　_____。
> 3）これから外国人が増えます。→　_____。

時間がある場合
- 学習者の発話量を増やすため、ペアで教科書を読みながら練習する。

時間がない場合
- クラス全体で教科書を読みながら練習する。
- 教科書の文字を追うことに時間がかかってしまう学習者がいる場合、教科書は見せずに教師が口頭で文を言って練習する。

　授業は、基本的には**時間内に終わらせ**、途中であっても「ここは明日します」「最後の発表は次の授業でします」と次に回すことを伝えてから終えます。なんでも宿題にするのは避けた方がいいでしょう。

ミニタスクを用意する

　時間が余った場合の対応として、**いくつかミニタスクを考えておく**といいでしょう。

> **例　ミニタスク**
- **言葉の説明**：その日に学んだ言葉の意味を学習者が説明。クイズ形式にしてクラスメートが当てるのもよい。
- **短文作り**：その日に学んだ言葉や文型を使って文を作る。時間によって口頭で行っても、書いてもよい。
- **ディクテーション**：例文を教師が言い、学習者が聞き書きする。
- **授業後の予定について話す**：明日の予定、週末の予定等について話すのもいい。

3　ここがポイント！

> 授業前にシミュレーションしてみると何にどのぐらい時間がかかるかがわかります。練習の仕方を工夫し、時間が余ったときのためにミニタスクを準備しておくといいでしょう。

02 授業準備②　母語 すべての言語　レベル 初級以上　クラス規模 プライベート

「学習者にぴったりの教科書が見つからなくて困っています。」

プライベート・レッスンで主婦の方に1対1で日本語を教えることになり、その人の生活に役立つような日本語のテキストを探しているところなのですが、なかなかぴったりしたテキストが見つかりません。学習者に合う教材選びのコツがあったら知りたいです。

1 ココに注目！

- ☐ 学習者の希望を具体的に聞きましたか。
- ☐ その希望に基づいて学習内容を組み立てましたか。既存の教科書の目次をそのまま学習内容にしようとしていませんか。

2 解決法

　最近の日本語の教科書は、総合学習、文法、読解、音声に至るまで幅広い分野で充実し、練習帳や音声教材等の副教材が揃っているものも多いので、教師としてはこれらを利用しない手はありません。しかし、「目の前の学習者にどういう教材が適切か」を考えるときには、一般的な教科書の目次はいったん忘れ、**まずは学習者の希望を聞くことに集中**しましょう。その理由は、学習者の学習目的、勉強したい具体的な内容、各人が好む学習方法は、実に様々だからです。特にプライベート・レッスンの場合には、より私的で個別の学習目的を持っていることがあります。いずれの場合も、次の点について事前にヒアリングすることが大切です。

1. どういう場面で日本語を使いたいと思っているのか。
   - 例　子供が通う小学校のミーティングで

2. どのような日本語のコミュニケーションをしたいと思っているのか。
   - 例　ミーティングでの意見交換に自分も参加したい

3. どのような能力の獲得が必要なのか。
   - 例　みんなの意見をきちんと聞き取りたい

　必要なヒアリングを終えたら、それに基づいて**シラバス（学習項目）を組み立て、学習方法**（例：CD教材を使って学習する、教師との対話で進める）**を考えます**。その後、そのシラバスと学習方法に合った教材の選定に入ると、どのような教材が合うのか、市販の教材で足り

ないものは何なのかが見えてくるはずです。

「教科書を教える」という意識から抜けだそう

　教材選びのコツは、**教科書を絶対視せず、学習者が希望する学習内容がシラバスの柱であることを忘れない**ことです。日本語教師はすでに教科書が決められている授業を担当することも多く、日本語教師の仕事は教科書をしっかり教えることのように捉えてしまいがちです。こういうとき、私達は何気なく〈教科書「を」教える〉という言い方をしますが、実際には〈**教科書「で」教える**〉という意識を忘れないでおきましょう。

適切な教科書や教材がないときは組み合わせる

　学習者の希望を満たそうとしても、適切な市販教材が見つからないこともあります。このようなときは、次のような対応策を考えてみましょう。

対応策1　市販教材の一部や自作教材等を組み合わせて使用する

　学習項目と照らし合わせ、複数の教材や自作教材等を組み合わせて使ってみましょう。市販教材やウェブ上の記事の一部を利用するときには、著作権への配慮も忘れないようにします（→p.49）。自作教材（→p.22）といってもコンピュータできれいに作ることにこだわらなくても大丈夫です。字が大きく見やすく書けて、振り仮名やイラスト等を盛り込みやすい手書き教材が適している状況も多くあります。

対応策2　学習者に実物や自習ノートを持ってきてもらい、それらを使用する

　プライベート・レッスンの場合、学習者が具体的な学習内容を希望しているなら、学習者自身に教材やノートを持ってきてもらう、という方法も有効です。

- 例　「学校で配布されるお知らせがすぐに読めるようになりたい」という明確な学習目的がある場合、市販の教材より実物の「お知らせ」を読解するという学習方法も考えてみる。
- 例　中級の学習者から初級文法の復習がしたいという希望が出た場合、市販教材を復習するのが一般的。しかし、教科書はわかるけれど実際に使えないという場合は、学習者自身に意味や用法を調べさせてわかったことを発表させたりする活動の方が、実用的な定着につながることがある。

3　ここがポイント！

まずヒアリングをし、本人が希望する学習内容を具体的につかむことが大切です。その結果、適切な市販の教材がない場合は、無理に使わず、本人と相談しながら、希望する教材や資料を使って学習するシラバスを考えてみましょう。

03 授業準備③ 母語 すべての言語 レベル 初級以上 クラス規模 不問

「教科書の練習問題をしているうちに学習者が飽きてしまいます。」

私が担当しているクラスには指定された教科書と学習範囲があるので、それを越えないように教えています。しかし、例文を読んだり、会話を練習したりしているうちに、学習者が飽きてしまい、練習が中途半端に終わってしまうことがあります。教科書の練習に学習者が意欲を持つためにどんな工夫をしたらいいでしょうか。

1 ココに注目！

- □ 今使っている教科書の例文や練習問題の量は、学習者の数に対して十分ですか。
- □ 例文や会話練習の場面設定が、学習者の環境とかけ離れていませんか。学習者が実感しにくい内容になっていませんか。
- □ 学習している環境を練習に活かしていますか（例：周辺の地理、施設、周囲の日本人との交流）。

2 解決法

何度も同じことを繰り返すのはどうしても飽きてしまうものです。無駄な繰り返しを避け、新鮮な気持ちで取り組んでもらう工夫を試みましょう。

例文は学習者の数以上は準備しておく

教科書の例文や練習問題が学習者の数より少ない場合は、単純な繰り返しを避けるため、**学習者の数以上の補足の例文や問題を準備**しておきましょう。

- 例 学習者が15人いるにもかかわらず、教科書の導入のための例文は5つしかないので、人を変えて同じ例文を読んでしまい、飽きてしまう。
- ➡ 解決策：15人それぞれが新鮮に取り組めるように、教科書を含めて例文は15以上用意しておく。
- 例 教科書の練習問題が学習者の数の半分しかない。
- ➡ 解決策：教科書の問題の条件を変えたバージョンを学習者の数以上用意しておく（例：問題の動詞を他の動詞に入れ替える、事物や場所を入れ替えた問題を準備しておく）。

学習者が共感できる内容を取り込む

教科書の例文や練習問題に、**学習者が興味を持てる内容を補足**するのも、学習者を飽きさせない工夫の1つです。

- 例 教科書の例文や練習問題が、学習者と関係のない国や地域に関する内容だったり、学習者のものとは違う専門領域についての語彙が使われていたりする。
- ➡ 解決策：事前に調べておいた学習者の出身地、旅行先、趣味、専門分野を使った例文や問題を準備しておく。
- 例 学習者は働いた経験がないので、社会習慣に関する内容に興味を示さない。
- ➡ 解決策：学習者にとって学ぶ意義があると判断できれば、調べさせたり、考えさせたりする活動を補足して興味を促す。例えば、学習者が学生なのにビジネス会話が掲載されている場合、社会理解につなげるために、ビジネス会話の特徴を調べさせる。

学習環境を内容に活かす

学習環境を効果的に活かすと、練習にも臨場感やリアリティーが生まれ、学習者を飽きさせません。近くに施設（例：美術館、博物館、運動場）や観光地（例：街、史跡、寺社、公園）があれば、実際に出かけなくとも話題として利用するだけでもいいでしょう。

- 例 学習者にとって馴染みのない場所や施設が練習問題に使われているため、練習に実感が伴わず、形式をなぞるだけになってしまう。
- ➡ 解決策1：教科書の練習問題の地名を身近な地名に取り替えて練習する。あるいは、教科書の例文は主に形や用法の導入と用法の説明に使い、それとは別に、学習者にとって馴染みのある場所（例：学校のある場所や近くの観光地）や施設（例：その学習者がよく行く場所）を使った問題を準備しておく。
- ➡ 解決策2：日本語話者との交流がはかれる環境にある場合は、その機会を活用する。例えば、教室に学習支援のための日本語話者のボランティアをお願いし、一緒に練習に参加してもらう。
- ➡ 解決策3：地域の日本人による外国語のサークルと交流の機会を持ち、その交流を目的として文型や会話の練習をする。例えば、次回の交流会で、学習者は皆、自分の国を紹介することとし、そのタスクを達成するために必要な文型や会話を導入練習する。

3 ここがポイント！

> 学習者が飽きずに意欲を持って取り組む授業をつくるためには、まず準備の際に、十分な数の例文や問題を用意する、身近で関心も持てる話題を取り入れる、学習環境を利用する、といった工夫をしてみましょう。

04 授業準備④　母語 すべての言語　レベル 初級　クラス規模 不問

「語彙の説明のために実物を準備するのが負担になってきました。」

初級の授業で語彙の導入をするときは、導入する語彙の実物をできるだけ見せるようにしています。例えば「紅茶」「コーヒー」「お茶」等の飲み物の語彙を導入するとき、カップも持参して、それぞれの実物を入れて見せました。「ピザ」「ご飯」「そば」等、主食を紹介したときは、本物のピザを配ったら盛り上がりました！　ただ、語彙導入のたびに実物を用意するのはやはり負担が大きく、導入方法を考え直しているところです。

1 ココに注目！

☐　教具の利点と問題点が整理できていますか。

教具	利点	問題点
写真		
絵カード		
文字カード（媒介語付き）		
実物		

2 解決法

　新出語彙に実物や絵を付ける作業を1つ1つしていては、すぐに追いつけなくなってしまいます。全部同じ方法で導入する必要もありません。実物等を利用するとしても語彙の重要度やわかりやすさによって、導入にかける時間や媒介語を利用するかどうかを検討し、それぞれ適切な方法で導入するようにします。

導入方法それぞれの利点と問題点

写真

　実物に近い色彩や形態がリアルに見せられる反面、様々なものが写りこんで情報量が多くなりやすく、伝えたいことにむしろ焦点が絞れないことがあります。

例 「スーパー」を導入しようとして、漠然と店内の写真を見せても、「店」「売り場」「コンビニエンスストア」「デパート」等、類似の形態を指す単語との意味の違いが見せにくい。このように似た言葉がいろいろある場合は、それぞれの特徴を強調した絵教材や媒介語を使うほうが説明しやすいことが多い。なお、この絵は教師の手描きで描ける範囲でかまわない。

写真の例

教師の手描きの絵カードの例

絵カード

　伝えたい情報を意図的に強調する、不要な物は描かないなど、教師が伝えたいことに合わせて加工しやすいですが、市販の絵教材を利用する場合には、やはり写真と同様に、教師の意図が焦点化しにくくなることがあります。

04 語彙の説明のために実物を準備するのが負担になってきました。

例 自他動詞の違いは、写真より絵によって意志的な動作かそうでないかを見せるとよい。

あける　　　　　　　　　あく

けす　　　　　　　　　きえる

おとす　　　　　　　　　おちる

文字カード

　媒介語を使った方が早くてわかりやすい語彙もあります。文字カード（語彙とともに媒介語や学習者の母語の翻訳が書いてあるカード）も適宜利用してみましょう。

例 ノート、教科書、テスト、レポート等、学習にすぐ必要な語彙や、日常的な食べ物の名前等は、母語への翻訳や媒介語を使い、あまり時間をかけないで導入する。

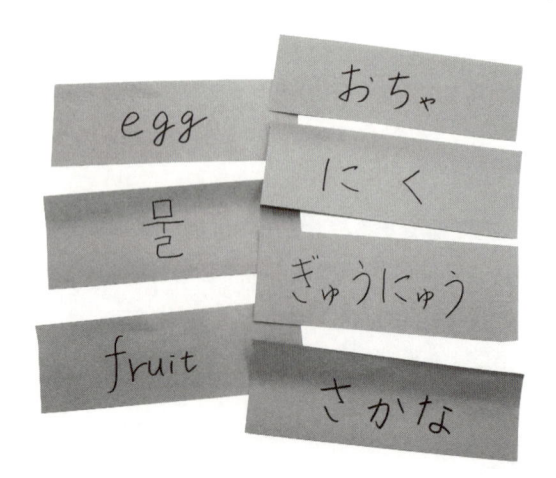

表	裏
くだもの	fruit
たまご	egg
やさい	야채
にく	고기

実物

　臨場感があり、印象にも残りやすい点が利点ですが、教室に持って来られない物の方が多いこと、実物の提示は想像以上に時間がかかるので多数は見せられないこと、学習語彙の増加と抽象化にいずれは追いつかなくなるという難点があります。

文脈の中で語彙の意味を想像する練習も取り入れる

　人は文章や会話の文脈を手がかりに言葉の意味を推測しながら内容を理解していると言われています。膨大な語彙に対応するには、こうした推測のストラテジーも欠かせません。言葉の意味を1つ1つ覚えるだけでなく、文章や会話の文脈の中で語彙の意味を想像させる練習も取り入れてみましょう（→p.156）。

3 ここがポイント！

> 初級の語彙指導で実物を見せるのは、確かにわかりやすいことも多く、有効ですが、語彙はどんどん増え、抽象度も増していくので、語彙の使用頻度等を考えながら提示方法も見直していきましょう。

1章　教室活動、ココで困った！　授業準備④

05 導入① 母語 すべての言語 レベル 初級 クラス規模 10人程度

「教師用指導書通りに導入したのにうまくいきませんでした。」

市販の教師用指導書を見ながら教案を作りました。指導書に書いてあった導入の方法は、養成講座の先生に教えてもらったものと同じだったのですが、学習者はなかなか理解してくれませんでした。何が悪かったのか、原因がわかりません。

1 ココに注目！

- ☐ 指導書（教案）に書いてあったことを、授業ではどのように示しましたか（例：導入文の言い方、話すスピードや声の大きさ、絵カードの示し方）。
- ☐ 指導書にあった以外にも、導入の方法をいくつか考えておきましたか。

2 解決法

例えば、時間の言い方の導入で、教師は「今、何時ですか？」と言ったとします。しかし、時計を見せながら無表情に話すだけでは「これは時計です」「時計があります」と言っているともとれます。

直接法の場合、教師の声の調子や話すスピード、顔の表情といったノンバーバルな情報が理解の大きな助けとなります。しかし、マニュアル本には導入文や手順は書いてあっても、その伝え方までは記されていません。 同じ教案で教えても教師によってその示し方は異なり、それが学習者の理解を左右することもあります。まずは、教案にあることをクラスでどう再現したか、振り返ってみましょう。

> **Point**
> - 本（教案）にある通りの導入文をただ単に読んで再生しただけではなかったか。
> - 話すスピードや声の出し方はどうだったか（新出文型の部分はゆっくりはっきり言う等の工夫はあったか）。
> - 顔の表情はどうだったか（無表情に話していなかったか）。
> - 体の向きや語りかけ方はどうだったか（一人一人の顔を見ながら話したか）。
> - 身振り等を交えて話していたか。
> - 絵カード等の教材を示すタイミングはよかったか。

学習者に合った例文を

　クラスや学習者に合わせて導入の例文や場面設定を変えると、学習者がより理解しやすく、定着もよくなります。場面設定が学習者のニーズや生活環境とかけ離れていると、なかなか理解に至らないということもあります。学習者が学びたいと思っているのは、すぐに使える身近な表現です。身近な例を示すことで、自分のこととして捉えることができ、理解も早まります。

例　「〜てもいいですか」の導入

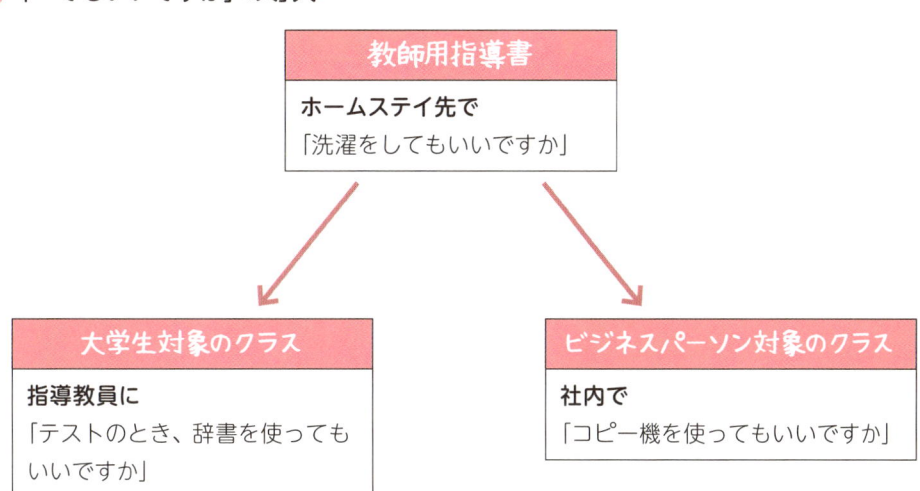

```
          ┌─────────────────────┐
          │   教師用指導書      │
          │ ホームステイ先で    │
          │ 「洗濯をしてもいいですか」│
          └─────────────────────┘
              ↙             ↘
┌─────────────────────┐  ┌─────────────────────┐
│ 大学生対象のクラス   │  │ ビジネスパーソン対象のクラス │
│ 指導教員に           │  │ 社内で               │
│ 「テストのとき、辞書を使っても│  │「コピー機を使ってもいいですか」│
│ いいですか」         │  │                      │
└─────────────────────┘  └─────────────────────┘
```

　テキストによっては語彙や文型の提示順が違うこともあるので、その点も十分に注意しましょう。

導入は視覚的にわかりやすいものから

　マニュアル通りの導入法を使ったとしても、それ1つでは不安です。その導入でわかってもらえなかったときは、また別の導入を行わなければなりません。

　直接法の場合、学習者は教師の言葉や身振り等から文型や語彙の意味を推測していきます。したがって、**いくつか用意した導入はできるだけ学習者が意味を推測しやすいものから提示する**といいでしょう。

05 教師用指導書通りに導入したのにうまくいきませんでした。

　下の例では、「ながら」を導入する場合を例にして、まずは視覚的にわかりやすいジェスチャーや絵で示し、最後に確認として言葉による説明を行っています。視覚的に示しても伝わらない場合を考え、他の場面の絵を用意する、他の例文を考えておく等すると安心です。

導入例1　**身振りによる説明**
　教師：　（身振りで示しながら）私はコーヒーを飲みながら、本を読みます。

導入例2　**絵を見せて説明**
　教師：　（コーヒーを飲みながら本を読んでいる人の絵を見せる）
　　　　　コーヒーを飲みながら、本を読みます。

導入例3　**言葉による説明**
　教師：　「～ながら」は2つのことをいっしょにします。
　　　　　コーヒーを飲みます。本を読みます。いっしょにします。
　　　　　コーヒーを飲みながら、本を読みます。

　前回の授業でうまくできた導入が次も成功するとは限りません。クラスが異なれば、その学習者に合った例文や導入法を考える必要があることを心に留めておきましょう。

3 ここがポイント！

指導書には例文や手順はあっても、具体的な示し方は書いてありません。話し方、表情、身振り、教材の見せ方等、見直してみましょう。導入は、言葉での説明、身振り、絵カード等、複数考えておくといいでしょう。

コラム 私が新米教師だった頃①：
学習者の沈黙が怖かった

　教師になりたての頃、私は学習者の沈黙が怖くてたまりませんでした。導入後や活動の説明のあと等に、学習者が黙っていたり、反応してくれなかったりすると「わかっていないんだろうか」「私の授業がおもしろくないのかもしれない」と不安になり、必死に説明を重ねて沈黙を埋めようとしていました。

　特に、初級のクラスでは、私が話せば話すほど、学習者の頭の上に「？」が飛んでいるのがわかりました。余計なことを話した結果、「新たに言葉の説明を学習者に求められる→長々と説明してしまう→さらに学習者を混乱させる」という負のスパイラルに陥ってしまったことは幾度となくありました。最悪なことに、新米の私はそこで軌道修正をすることもできませんでした。

　ある日、OPI (Oral Proficiency Interview)＊の講習会に参加する機会がありました。その中で「(インタビューの) 被験者が黙ってしまったからといって、必ずしも会話能力に問題があるわけではない」「インタビュアーは待つことも大切だ」という話を聞きました。この話をきっかけに、私は「授業中の学習者たちも、じっと教師の説明を理解しようとしているのではないか」「自分の考えを発するためにじっと考えているのではないか」と思うようになりました。そして、今では、学習者の沈黙は前向きなコミュニケーションストラテジーの１つだと捉え、待つことができるようになりました。

　それでも、やはり相手の反応がないと不安になります。そんな不安を解消するために、私の授業では初級の早い段階であいづちを扱うようにしています。学習者の母語によっては日本語のようにあいづちを打ちながら話を聞く習慣がない言語もあります。あいづちを教えることによって、日本人とのコミュニケーションの方法を示せるだけでなく、授業中の教師の不安解消にもなりました。(鴻)

＊ OPI…ACTFL (The American Council on the Teaching of Foreign Languages：全米外国語教育協会) によって開発された汎言語的に使える会話能力テスト

1章　教室活動、ココで困った！　導入①

06 導入②　母語 すべての言語　レベル 初級　クラス規模 不問

「文型を導入するとき、絵カードで意図を伝えることができませんでした。」

動作の進行を表す「Vています」の導入で、勉強している人の絵を見せながら「勉強しています」と導入したのですが、「勉強します、と違いますか？」と質問されてしまい、絵カードだけでは進行中の意味を伝えることができませんでした。進行中の動作であることを明確に示すには、どのような絵を準備すればよかったでしょうか。

1 ココに注目！

- ☐ 絵カードで伝えられることと、伝えにくいことがあることを意識していましたか。
- ☐ 「Vます」「Vています」「Vました」は時間の経過と関連があります。時間の経過を視覚的に見せるためには、どんな工夫が有効だと思いますか。

2 解決法

文型導入には絵カードを使うことが一般的ですが、文型によっては絵では伝わりにくいことがあります。例えば、次のような文型です。

文型例1　「時間」が関係する文型（他の時間を表す文型と混同しやすい）
- 例　Vます／Vています／Vていました／Vてしまいました
- 例　（自動詞）ています／（他動詞）てあります／（他動詞）ておきます

文型例2　「変化」や「移動」に関係する文型（何から何に変化するのか、どこからどこに移動するのかわからないと意味がつかめない）
- 例　Aになります／Aくなります
- 例　あげます／くれます／もらいます

文型例3　「気持ち」が関係する文型（込められた気持ちのニュアンスがわからないと実際の使用に戸惑いやすい）（→p.54）。
- 例　受身形（Vれます／Vられます）／使役形（Vせます／Vさせます）
- 例　Vてくれます／Vてもらいます／Vてあげます

上記のタイプの文型導入を準備するときは、次のような準備を加えてみることをお勧めし

ます。その文型の意味がより際立って見えるとともに、実際にどう使うかも伝えることができます。

既習文型と新規文型との関連を明らかにしてみせる

既習文型を使い、学習者の想像力も生かしつつ、絵カードの並べ方を工夫します。

例 既習の「Vをします」「Vをしました」を使って「Vています」を導入する場合

既習の「Vをします」と「Vをしました」の絵カードを作り、時間の流れで並べ、その間に「Vています」を置き、時間の流れの中で意味を推測させる。

9:00	そうじをします	Ⓐ 人が掃除機を持って立っている絵カード
9:00〜9:30	そうじをしています	Ⓑ 同じ人が掃除機をかけている絵カード
10:00	そうじをしました	Ⓒ 掃除機が置いてある絵カード

さらに「Vてしまいました（完了）」を導入する時は、以上の流れに以下の過程を加える。

10:10	そうじをしてしまいました
	同じ人がソファに座ってコーヒーを飲みながらくつろいでいる絵カード
	※絵の中にHAPPY♡などと満足感を表す表示があるとなおよい。

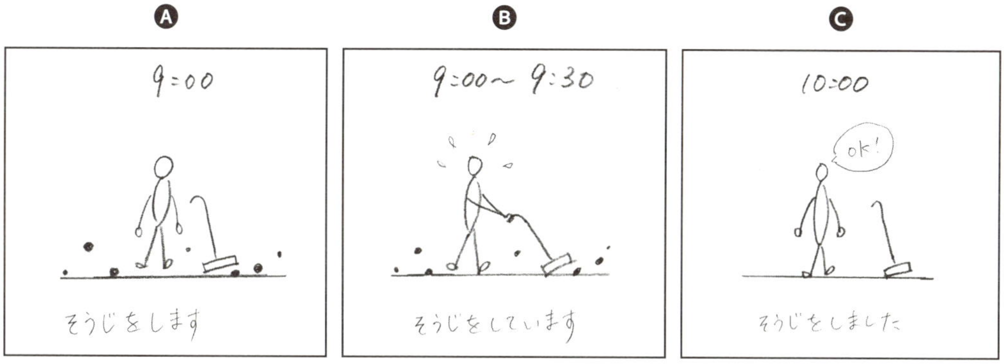

Ⓐ 9:00 そうじをします
Ⓑ 9:00〜9:30 そうじをしています
Ⓒ 10:00 ok! そうじをしました

身近な場面を設定する

学習者に身近な場面の中で導入文型を示すのも効果的でしょう。例えば、上記の「Vています」の導入では、「9:00／9:00〜9:30」というように、日常生活の時間の流れの中で文型を見せるという工夫をしています。

3 ここがポイント！

「『勉強します』と何が違いますか」という質問が出るということは、すでに学習者が自分の知識と関連付けて積極的に学習している証拠です。その意欲を活かし、既習項目を予想し、最初から関連付けて導入できると、さらに効果的な学習が期待できます。

07 導入③ 母語 すべての言語 レベル 初級以上 クラス規模 不問

> 「板書する場所がいつも足りなくなって見にくくなってしまいます。」

板書計画を自分なりに立てて授業に臨んでいるつもりなのですが、いつも板書する場所が足りなくなり、端の方がどんどん小さい字になって、読みにくくなってしまいます。きれいな板書を書く基本をもう一度おさらいしたいです。

1 ココに注目！

- □ 「学習者にとってわかりやすい板書」を心がけていますか。
- □ 自分の板書の書き方のルールをおおまかに作っていますか（例：色の意味、矢印の形、文型の書き方、決まった順番）。
- □ 伝えようとする情報が多すぎることはありませんか。

2 解決法

　板書計画＝授業計画といってもよいでしょう。その授業の学習目標（何がわかるようになるか、何ができるようになるか）、そのための学習項目（何を学ぶのか）について、教師自身が授業準備で明らかにしておくことが板書計画の大前提です。それらが明らかになっていれば、何を優先的に書けばいいか、どんな情報を省略してもいいか、授業計画を立てながら点検することができるはずです。

板書は学習者の理解を助けるためのもの

　板書は先生のメモ帳やノートではなく、あくまでも**学習者の理解を助けるツール**です。自分が外国語を勉強する学習者だったら、どんな板書が理解を助けてくれるか考えてみるのも参考になるでしょう。例えば、次のような板書は助けになるのではないでしょうか。

Point
- 言葉で説明すると複雑なことが図解、イラスト、記号等で簡潔に示されている。
- その授業の学習目標が一目瞭然に書かれている。
- 整然と書かれており、あちこち目移りすることなく落ち着いて見られる。
- 板書をメモしておくと復習に役立つ（後で見返しても要点が思い出せる）。
- 適度な情報量にまとまっている（過度な情報はメモに時間がかかって授業に集中できない）。

自分なりに板書のルールを作っておく

　ある期間継続する授業であれば、チーム・ティーチングの教師間で板書のルールを決めておく、あるいはそれぞれの教師が、その教師なりの書き方を決めておくと、学習者も次第に書き方や記号の意味に慣れてきて、さらにわかりやすくなるでしょう。ここは是非、自分の個性や特技（例：絵が上手、図式化が得意、わかりやすい字が書ける、要点を上手にまとめられる）を存分に活かして工夫してみましょう。

工夫例1　毎回、定位置に決められたことを書く

例　毎回、黒板（白板）の左上に、その日の到達目標、文型、主な新出語彙を明示しておく

```
目標：アドバイスする
　　　A「あたまが いたいです」
　　　B「はやく　ねた ほうがいいですよ」
文型：Vた　ほうがいいです（よ）。
新しいことば：くすり・みず・〜がいたい・はやく・ゆっくり・すぐ（に）・やすむ・いそぐ・じゅんびする・もっていく
```

工夫例2　文型導入のときの例文の書き方を同じにする

例　助詞は下線を引く、名詞はN、動詞はV、形容詞はAと表す、(場所)とかっこでくくる等

```
6課　　私は　教室で　日本語を　勉強します。
　　　　Nは　(場所)で　Nを　Vます。
18課　私のしゅみは　映画を　見ることです。
　　　　私のしゅみは　　Nを　V辞書形　ことです。
23課　あつそうです。
　　　　Aそうです
```

工夫例3　いつも同じ大きさの字で書くようにする。あるいは字の大小の役割を決めておく。

　フェルトペンやチョークで書くだけでなく、必要な絵カードや文字カードを提出順に準備しておき、授業の進行に沿って黒板（白板）に順次貼っていくという方法も印象に残りやすく有効です。機材さえ揃っていれば、OHP（オーバーヘッドプロジェクタ）やコンピュータのスライド機能を板書として利用することもできるでしょう。

3 ここがポイント！

> 「きれいな板書」というよりは、「理解を助ける板書」を目指しましょう。わからなくなったら学習者目線で考えるのも有効ですし、発表やプレゼンテーションにおいてどんな資料がわかりやすいかといった一般的な社会人のノウハウを参考にしてもいいですね。

08 導入④ 母語 すべての言語 レベル 初級 クラス規模 不問

「学習者がわかったかどうかがわかりません。」

新しい文型の導入をしましたが、私の説明を聞いてぽかんとしていたり、顔をしかめている学習者がいました。本当にわかったかどうか、ちょっと不安でしたが、「わかりましたか」と聞いたら頷いていたので、先に授業を進めました。次回の授業でテストをしてもう一度確認した方がいいでしょうか。

1 ココに注目！

- ☐ 説明をしたあと、すぐ、わかったかどうかの確認をしましたか。
- ☐ どんな方法で確認しましたか。

2 解決法

　教師の説明がわからないとき、「わかりません」「もう一度説明してください」と学習者が言ってくれればいいですが、学習者の反応が薄いと理解できたかどうかがわかりませんね。そのようなときは、次回の授業でテストをして確認するよりも、**導入直後に確認**をしましょう。ただし、学習者に対して**「わかりましたか」と聞くだけでは確認にはなりません**。学習者の中にはわかっていないにも関わらず、教師の「わかりましたか」という問いに、つい頷いてしまう人もいるからです。

導入文型を使って質問したり、指示を出して確認する

確認例1 導入した文型を使って、学習者に質問をしてみる

例 文型「〜たいです」
　教師：　○○さんは、日本で何がしたいですか。
　学習者：　温泉に行きたいです。

　学習者がこの文型を理解していれば、質問に合った答えが返ってきます。黙ってしまったり、質問に合わない答えを言ったりした場合には、理解できていないことになります。

確認例2 絵カード等を見せて確認する

例 形容詞
　教師：　（「きれい／汚い」の絵カードを見せて）この部屋はどうですか。
　学習者：　汚いです。

　絵に合わないことを言った場合には理解できていません。

確認例3 教師がその文型を使って指示を出し、学習者がそれを聞いて動く

例 文型「～ながら」
　　教師：　　コーヒーを飲みながら、本を読んでください。
　　学習者：（指示にあったジェスチャーをする）

　この方法は「聞いてわかればいい」というもので、学習者に無理に文を言わせることはしません。

　これらの確認の方法は、文型だけでなく語彙の導入のときにも用いることができます。導入した言葉の意味を学習者に説明してもらってもいいですね。その際は易しい言葉に言い換えてもらってもいいですし、ジェスチャーや絵を描いて説明してもらってもいいでしょう。

確認は導入直後に行うのが効果的！

　授業をしていて一番困るのは、授業後半の応用練習に入ってから「実はわかっていなかった」ことが判明することです。一般的には導入のあとに確認作業を行いますが、それを怠ると下の図のような事態が起こってしまいます。そうならないためにも、導入をした時点で理解したかどうかの確認を行うようにしましょう。

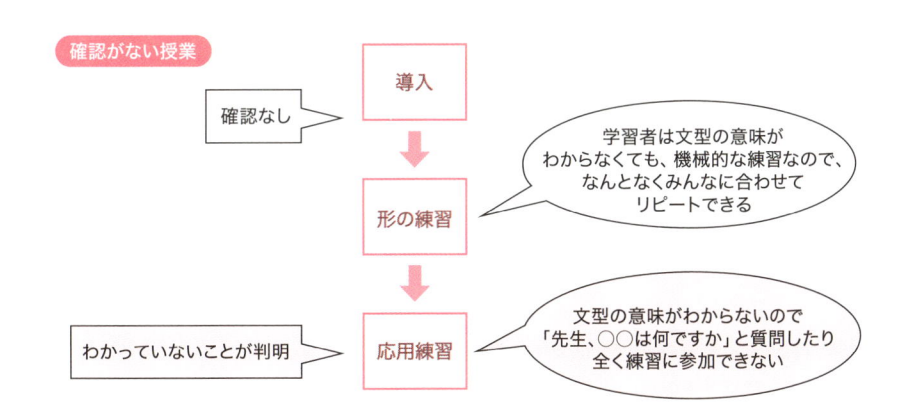

確認がない授業

確認なし → 導入
　　　　　　↓
　　　　　形の練習　　学習者は文型の意味がわからなくても、機械的な練習なので、なんとなくみんなに合わせてリピートできる
　　　　　　↓
わかっていないことが判明 → 応用練習　　文型の意味がわからないので「先生、○○は何ですか」と質問したり全く練習に参加できない

わかっていなかったら別の方法で導入し直す

　確認作業によって学習者が理解できていないことが判明したら、導入し直します。しかし、最初に行った導入の説明がよくなかったのかもしれませんから、別の説明の方法で示します。学習者が理解できなかったときのことも考え、導入には異なった説明を2つ、3つ準備しておく必要があります（→p.26）。

3 ここがポイント！

テストをするよりも、導入直後に確認をしましょう。導入した文型を使って学習者に質問をし、適切な答えが返ってくれば導入成功です。理解していなかったら、別の方法も交えて導入し直しましょう。

09 導入⑤ 母語 すべての言語 レベル 初級 クラス規模 10人程度

「導入のとき、教師が一方的に話しているような気がします。」

養成講座では「学習者の発話が多くなるように」と習いました。しかし、自分の授業を振り返ってみると、私だけが一方的に話していることが多いような気がします。特に文型や語彙を導入するときは、つい説明が長くなってしまい、学習者がじっと黙っている時間が気になります。教師が一方的に説明する以外の導入方法があれば教えてください。

1 ココに注目！

- □ 初級では言葉による長い説明は学習者の負担になります。本当にその説明は必要ですか。
- □ 言葉による説明を避けるために、何か工夫したことがありますか。

2 解決法

言葉による説明を減らすための方法として、以下のようなものが考えられます。

> **Point**
> - 絵カードや写真、レアリア等を使う。
> - 教師1人が説明するのではなく、学習者を巻き込んだ導入を行う。
> - 学習者に説明してもらう。

絵カード等による導入は「06 導入②」で解説しているので、ここでは学習者といっしょに作る授業の方法をみていきましょう。

学習者を巻き込んだ導入①：質問から入る

導入の方法には、教師1人が話して提示するものの他に、学習者とやりとりをしながら導入する方法もあります。

例 時間の言い方の導入

教師1人で示す導入	学習者とやりとりしながら行う導入
（時計の模型を見せながら） 教師： 今、1時です。	（時計の模型を見せながら）　　　質問から入る！ 教師： 今、何時ですか。 学習者： いち… 教師： 今、1時です。

学習者とやりとりしながら行う導入では、まず質問から入ります。この時点では「何時」という言い方は未習ですが、「先生は時計を見せながら何かを聞いている」というシチュエーションから、時間について尋ねられていることは伝わっているはずです。そこで学習者は「1時と言いたい、でも言えない」という状況になります。そこで教師が必要な言い方を教えるのです。**自分がほしいと思う表現を、そのタイミングで与えられることによって、すんなりと頭に入っていきます。**この「質問から入る」という導入は、他の文型や語彙を教える際にも有効な方法です。

学習者を巻き込んだ導入②：学習者と演じて見せる

　「〜てもいいですか」「〜ませんか」のような文型を教えるとき、状況設定をして導入します。登場人物が2名以上出てくる場合、見せ方として以下のような方法があります。

- 教師が1人2役をする
- ペープサート（写真参照）や絵を使って示す
- 教師と学習者でやってみせる

教師と学習者がやってみる場合には、下記のように教師の助けがあるとよいでしょう。

> 例
>
> 教師：　　ここに座ってもいいですか。
> 学習者：　はい。
> 　　　　　← 教師は小さな声で「ええ、どうぞ」と耳打ちする
> 　　　　　ええ、どうぞ。
> 教師：　　ありがとうございます。

学習者にとってはぶっつけ本番。前に出てきた学習者が不安を感じずに発言できるように。

1章　教室活動、ココで困った！　導入⑤

09　導入のとき、教師が一方的に話しているような気がします。

　学習者を巻き込んだ導入は、思ってもいなかった反応が返ってくる可能性もあり、教師にとっても少しハードルが高いかもしれません。しかし、**学習者が体感しながら学ぶことは定着につながります。** 他の学習者の前で演じた学習者だけでなく、それを見ている学習者も「自分ならどう言うか」と考えながら見ています。実際にその場に立って経験してみることで、場面と表現とが結び付き、記憶にとどめることができるのです。

学習者に説明してもらう

　説明は、きちんと理解していないとできませんし、自分の言葉にして説明することはとてもいい学習になります。既習のものは積極的に学習者に説明してもらいましょう。

> **例**　言葉の説明 ➡ 別の言葉に置き換えて説明してもらう
> 　　　文型の説明 ➡ 例文を作ってもらう

　うまく説明できなくても、教師が補足しながら説明を完成させます。限られた文法や語彙で説明するので、教師よりもずっとうまく説明できる学習者もいます。**クラスメートから学ぶことは、教師から教えられるよりも記憶に残りやすい**とも言われます。

3　ここがポイント！

> 導入では教師1人が話すのではなく、学習者に質問しながら導入したり、教師と学習者で演じて見せたりする方法もあります。文型や言葉の説明を学習者にしてもらってもいいでしょう。

> **コラム** 私が新米教師だった頃②：
> 大人数クラスへの指示に自信が持てなかった

　初めて日本語教師として着任した学校で、着任後すぐに30人規模の総合クラスを担当することになりました。少人数クラスしか教えたことがなかった私は、大人数の学習者に対してどのように指示を出し、どのようにクラス活動をひっぱっていったらよいかわからず、試行錯誤が始まりました。自分なりに頑張ったつもりでしたが、明らかにまとまりのない、私語の多いざわついた授業が続き、そのうちスケジュールも遅れがちになっていきました。

　悶々とした日々の中、ある日、そのクラスのリーダー的な学習者に声をかけられました。その学習者は、ここぞという時に皆のヒントになる質問をしてくれるような、頼もしい大人びた学習者でした。私の不甲斐なさ、クラスの状況の悪化を見かねたのでしょう。今思えば、当時は歳もあまり違わなかったので遠慮もなかったのかもしれません。私のクラスでの指示の仕方の難点を、面と向かってはっきり教えてくれました。

　教えてくれた難点はとても具体的でした。そもそも声が小さくて後ろの席まで届いていないこと。指示と説明と通常の話の区別が曖昧で、今何を話しているかよくわからないこと。ゆえに、その日の授業の流れがよくわからないこと…。つまり、指示が曖昧でメリハリもないため、学習者が完全に迷子になっていたのでした。

　それ以来、自信がないからと言ってオドオドと後ろに下がらず、自信が持てるようにきちんと準備し、活動の節目では、はっきり大きな声で、ゆっくり指示することを心がけるようになりました。また、自分自身が混乱しないようにするため、活動の区切りや活動1つ1つの時間配分がぱっと見てわかるように、教案の書き方も工夫するようになりました。

　学習者の声を聞くことの大切さも身に染みた経験でした。（高）

10 練習①

母語 すべての言語　**レベル** 初級　**クラス規模** 10人程度

「授業が単調になってしまいます。」

数字の言い方を教えました。「1、2、3…」と数字の言い方をリピートし、とにかく暗記してもらいました。少し退屈かなと思いながらも、いい導入や練習方法が思い付かず、最後まで単調な授業で終わってしまいました。しかし、ずっとリピートをしていたわりには定着が悪く、なかなか覚えられない学習者もいました。数字や曜日等の項目で単調にならない教え方があれば教えてください。

1 ココに注目！

- ☐ あなたが外国語を学んでいると想像してください。あなたが行った導入で、1～10までの数字が覚えられますか。
- ☐ 全く初めての言語を学習するとき、1からいくつまでなら一度に覚えられますか。
- ☐ 数字を定着させるために、いくつぐらい練習（活動）を準備しましたか。

2 解決法

　数字や曜日、日にち、ものの数え方（ひとつ、ふたつ…）等は、とにかく覚えさせる、暗記させるというイメージがある項目かもしれません。これらの項目は、導入で理解させるのは簡単でも、いい練習の方法や応用が思い付かない、だからひたすら言わせて、覚えさせて終わりとしてしまいがちです。初めて学ぶ言語では、初めて聞く音ばかりです。そんな状況で1から10まで順番に言っていくという方法で覚えるのはなかなか難しいことです。

導入は丁寧に、練習はテンポよく

　次ページの教案を見てください。教師Bは1～3まで導入したら、そこまで覚えているかチェックをしてから次に進んでいます。このように「1～3」が終わったら、次に「4～6」を導入、次に「1～6」をランダムにチェックする…というように**ステップを踏んで丁寧に進めていくやり方**はとても時間がかかるように見えますが、**確実に覚えられる方法**です。

　また、教師が**キューを出す際はスピーディに、テンポよく**行います。ここで大切なのは**丁寧さとテンポ**です。テンポよくすることで、学習者は集中し、緊張感のなかにも楽しさを持たせて進めていくことができます。ランダムに確認するときには、全員で言わせたり、個人で言わせたりと**指名の仕方にも変化を持たせる**と単調になりません。

　このような導入や練習方法は、一度にたくさんの新出語を教えるときや、多くの形容詞や動詞を一度に導入しなければならないとき等にも有効です。

数字の導入と練習例

教師Aの場合	教師Bの場合
教師A：（板書の数字を指し示しながら）これは「いち」です。はい、「いち」。 学習者：いち。（全員で言う→1人ずつ言う→全員で言う） 教師A：「に」。 学習者：に。（全員で言う→1人ずつ言う→全員で言う） 教師A：「さん」。 学習者：さん。（全員で言う→1人ずつ言う→全員で言う） 教師A：（以下、同様に1～10まで行う） 　　　： 教師A：はい、では最初から言ってみましょう。いち、に、さん、し、ご、ろく、しち、はち、きゅう、じゅう。 学習者：いち、に、さん…？	教師B：（板書の数字を指し示しながら）これは「いち」です。はい、「いち」。 学習者全員：いち。（全員で言う→1人ずつ言う→全員で言う） 教師B：「に」。 学習者：に。（全員で言う→1人ずつ言う→全員で言う） 教師B：「さん」。 学習者：さん。（全員で言う→1人ずつ言う→全員で言う） 教師B：（1～3までの数字をランダムに指し示しながら）はい、これは？ 学習者：いち。 教師B：これは？ 学習者：さん。 教師B：これは？ 学習者：に。 「1～3」までのセットが言えるようになったら、次に「4～6」までのセットというように、**3つか4つの固まりで進める**。6まで終わった段階で「1～6」までをランダムに示し確認する。10まで終わったら「1～10」までをランダムに示し確認する

覚えるための練習を行う

　丁寧に導入をしても、やはり忘れてしまうこともあります。そこで次に**使う練習**をして記憶を強化していきます。最終的には会話で使えるようにしたいですが、覚えるための練習としてゲームなどを利用してもいいでしょう。日本語の練習や活動を紹介する活動集等をうまく活用するといいですね。会話練習以外に最低でも3つは練習を用意しておきましょう。そこまですれば、授業時間内にその日の項目を定着させることができるでしょう。

3 ここがポイント！

> 数字や曜日等、単調になりがちな項目は、3単語くらいずつに分けて丁寧に導入していきます。その際、テンポが大切です。定着させるための練習にはゲーム的な要素を入れる等、学習者を飽きさせない工夫をしましょう。

1章　教室活動、ココで困った！　練習①

11 練習②

母語 すべての言語　レベル 初級　クラス規模 10人程度

「リピートや形の練習のとき、声を出してくれません。」

文型導入のあとにモデル文を全員でリピートしますが、このとき、いつも黙っている学習者がいます。その人は、形の練習のときにも声を出さず、ただ練習を見ていたり聞いていたりします。「〇〇さん、言ってください」と促しても、声を出してくれません。無理に言わせたほうがいいのか、そのままにしておけばいいのか判断が難しいです。

1 ココに注目！

- ☐ 学習者が声を出さない理由は何だと思いますか。
- ☐ リピートや形の練習をすると、どんな効果があるのでしょうか。
- ☐ 「いっしょに言ってください」という以外に、どのような声がけをしたことがありますか。

2 解決法

　教師の説明をよく聞き、クラス活動にもきちんと参加しているのに、リピートやクラス全体での練習のときには黙っているという学習者も、中にはいるでしょう。彼らが声を出さない理由には、主に、次のようなことが考えられます。

- 導入での説明が未消化で、頭の中で新出文型の意味について考えているため。
- 文型の意味も形も理解できているから、自分には言う必要はないと考えているため。
- 単純な反復練習はおもしろくないし、意味がないと考えているため。
- 声を出すのが恥ずかしいから。
- 自信がなくて声を出したくないから。
- みんなで大きな声で言うことに抵抗を感じるから。

　声を出さない学習者の中には、シャイな人やプライドが高い人がよく見られます。このような人に対して無理に言わせようとすると、他のクラス活動にも影響が出かねません。

リピートや形の練習の効果を説明する

　声を出さない学習者に、ただ「言ってください」と言うだけでは、あまり状況は変わらないでしょう。しかし、その場合はリピートや形の練習の効果を伝え、納得して参加してもらうようにします。

Point

リピートの効果
- 繰り返し言うことで長期記憶につながる。
- 文を聞いて、耳で覚える効果がある。
- きちんと言えているかどうか教師は発音を確認できる。ここで間違えていれば、正しい言い方に直すことができる。

形の練習の効果
- たくさんのキューを聞いて文を再生していくことで、練習しながらその使い方を知ることができる。
- 応用練習のときに、文の形や構造を考えずにスラスラと話すことができる。したがって、タスクや会話に集中することができる。

声がけを工夫し、ペアで練習させる

それぞれの効果を知った上で、学習者に声をかけましょう。学習者の日本語力に合わせて伝えますが、可能形を学習していれば、より効果を伝えやすくなります。

工夫例1　声がけを工夫する

例　「皆さんも言ってください。私はそれを聞いて皆さんの発音をチェックしますね」
「この練習をします。会話のとき、スラスラ文が言えますよ」
「練習でたくさん文を言います。よく覚えられます」

工夫例2　ペアで練習させる

それでも黙っている学習者がいたら、**学習者同士のペア練習に切り替えてみてもいい**でしょう。ペアにすれば、ほとんどの学習者は声を出してくれます。1人が先生役でキューになるカードをめくっていきます。もう1人は学習者役になって口頭練習をします。教師はクラスをまわり、間違いや発音などをチェックし、直していくといいでしょう。

3 ここがポイント！

無理に言わせるのではなく、リピートや形の練習の必要性、効果等を伝えてみましょう。それでも声を出したくないという学習者がいれば、学習者同士ペアで練習するという方法もあります。

12 練習③ 　母語 すべての言語　レベル 初級　クラス規模 不問

「復習クイズの正答率があまりよくありません。」

今担当している初級のクラスでは、文型の導入が終わり、確認のため教科書の練習問題を各自解いたあと、クラスで答え合わせをするのが日課です。次の日、前回勉強した文型の簡単な復習クイズをするのですが、毎回思ったほど正答率が高くないので、どう対処したらいいか試行錯誤しています。まずは復習用の宿題をもっと増やそうと思っているのですが、他にどんな方法があるでしょうか。

1 ココに注目！

- ☐ 答え合わせはどのような方法で行っていますか。
- ☐ 誤答についてクラスで検討したことがありますか（例：どこが誤解だったのか、正答に至るにはどこをどう変えればいいのか）。

2 解決法

　練習問題を解いたあと、教師が一方的に正しい解答を与えたり、学習者にただ正答を答えさせたりするだけで終わっていませんか。**特に不正解だった問題は正解に向かってどう修正していけばいいのかわからないままで放置される**ことになってしまいます。自力で正解までたどり着ける学習者もいるかもしれませんが、バツだらけの自分のノートを見て呆然としてしまう学習者も多いのではないでしょうか。

　不正解を正解に修正する過程を経ていなければ、いくら復習テストをしてもできないままです。復習用の宿題も有効ですが、答え合わせの仕方を工夫してみましょう。

どうして誤答したかを考えることで改善につながる

　間違いが物事の改善の重要な機会であることは、理論的にも証明されています。例えば、もとは経営における生産管理や品質管理を円滑に進める手法として開発された「PDCAサイクル（PDSAサイクル）」という考え方では、改善を次のような過程で進めます。

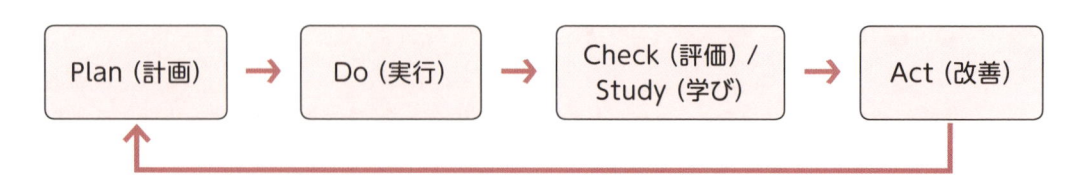

Plan（計画） → Do（実行） → Check（評価）/Study（学び） → Act（改善）

近年、この考え方が大企業の社員教育にも応用されており、一般的な教育現場でも改善の参考にしているところがあるようです。この理論から参考にできることは、改善のためには**「Do（実行）」のあとに必ず「Check（評価）」あるいは「Study（学び）」のプロセスが不可欠**だということです。つまり、実行したことについては必ずどうしてそうなったかについて考えなければ改善につながらない、文型導入して練習問題を解いて間違えたところはどうしてそうなったのかについて考えなければ正解につながらないというわけです。

先生が説明し尽くさず、学習者が考える余地を残そう

　学習者自身に考えてもらうためには、先生が解説し尽くさず、**学習者自身が考える余地を残すことが必要**です。クラス授業であれば、間違えた箇所が共通していることもあるので、同じ間違いをした学習者に理由を聞いたり、どのように修正したらよいのか学習者同士で考えたりするのは、印象にも残りやすく効果的です。

例 確認テストで「かわいくになりました」という誤用が多かった場合

> ❶ クラスで話題にし、「かわいい」と「なりました」をどう接続したらよいか、学習者に説明してもらう。

　　　　↓

> ❷ 教師は学習者の説明を聞いて板書しながら「イ形容詞＋なりました」の作り方を整理。学習者の説明が不足であれば補足説明をする。

　　　　↓

> ❸ 最後に理解確認のための例文を作らせる。

　　　　↓

> ❹ 「イ形容詞」の確認が終わったら、「ナ形容詞＋なりました」の作り方と例文も確認する。

3 ここがポイント！

> 復習用の宿題を充実させるというのは解決法の1つですが、宿題を増やす前に、授業中に行う答え合わせの方法が妥当だったかどうか検討し、特に不正解だった学習者がどう考え方を変えればいいのか、どこをどう修正すればいいのかがわかるような答え合わせの方法を試してみましょう。

13 応用練習① 母語 すべての言語 レベル 初級 クラス規模 10人程度

「応用練習が うまくさせられません。」

新しい文型を導入、練習し、いよいよ応用練習に入りました。応用練習は、学習者が興味を持ってくれそうなインフォメーションギャップのシートを準備しました。ところが、いざシートを配って「始めてください」と言っても、ずっと黙ってシートを見つめるペアや、シートにある絵を見ながら違う話を始めてしまうペアもありました。せっかく準備したのに、あまり盛り上がりませんでした。

1 ココに注目！

- ☐ 応用練習に入る前に文型の意味を理解していましたか。それを確認しましたか。
- ☐ 形の練習を十分行いましたか。
- ☐ 応用練習に入る前に、やり方を説明しましたか。どうやって説明しましたか（例：言葉によって手順を説明した、実際にやって見せた）。

2 解決法

なぜ応用練習が盛り上がらなかったのか、その原因を探るには、授業全体を振り返ってみる必要があります。

応用練習中の学習者の様子	教師の振り返りポイント
・そもそも文型の意味がわかっていなさそうだ。	導入した後にわかったかどうかの確認を行ったか。
・文型の意味はわかっているが、なかなか言葉が出てこない。 ・言いたいことはわかるが、きちんとした形で出てこない。	口慣らしのための形の練習を十分に行ったか。
・応用練習に使うシートを持っているが、何をしていいかわからない様子。 ・指示通りの練習をしていない。	応用練習のやり方や手順を説明したか。

文型の意味がわかっていないようであれば、また導入に戻って文型の意味を説明し直さなければなりません。口慣らし練習が不十分であれば、クラス全体で簡単にドリルを行いましょう。こうならないためにも、導入時の確認作業や口慣らしのための練習はしっかりと行います。

具体的に手順を示す

　応用に入るときに、学習者にそのやり方や手順を示さないといけません。指示がきちんと伝わっていないと、結局は何もできずに終わるということになりかねないからです。**手順を示すときは、初級であればできるだけ簡潔に、具体的に示します。** インフォメーションギャップのシート（→p.48）を使って場所をたずねる例で見てみましょう。

説明例1　**言葉で説明する**：既習語彙や文型を使い、単文で説明する。

教師：　ここにシートが2枚あります。
　　　　（シートを見せながら）これはAです。これはBです。
　　　　（シートを学習者に配りながら）○○さんはAです。○○さんはBです。
　　　　AとBはインフォメーションが違います。
　　　　Aは、郵便局はどこですか。わかります。
　　　　Bは、郵便局、わかりません。
　　　　BさんはAさんに「郵便局はどこですか」 聞いてください。
　　　　となりの人のシートは見ないでください。
　　　　はい、ではペアで話しましょう。

説明例2　**実際にやって見せる**：よくできる学習者に相手に、既習語彙や文型を使って話す。

教師：　　　ここにシートが2枚あります。
　　　　　　（シートを見せながら）これはAです。これはBです。
　　　　　　（シートを学習者に配りながら）学習者1さんはAです。私はBです。
　　　　　　AとBはインフォメーションが違います。
　　　　　　学習者1さん、郵便局はどこですか。
学習者1：　郵便局は…花屋の前です。
教師：　　　花屋の前ですね。あ、ありました。ありがとうございます。
　　　　　　はい、皆さんもとなりの人と話しましょう。
　　　　　　（シートを全員に配布する）

　全員がやり方をきちんと理解したかどうかを確認してから練習に入ります。応用練習が始まってからも指示通りに行えているかを見て回り、つまずいている学習者がいたらそこで説明をしたり、サポートをしたりしましょう。

13 応用練習がうまくさせられません。

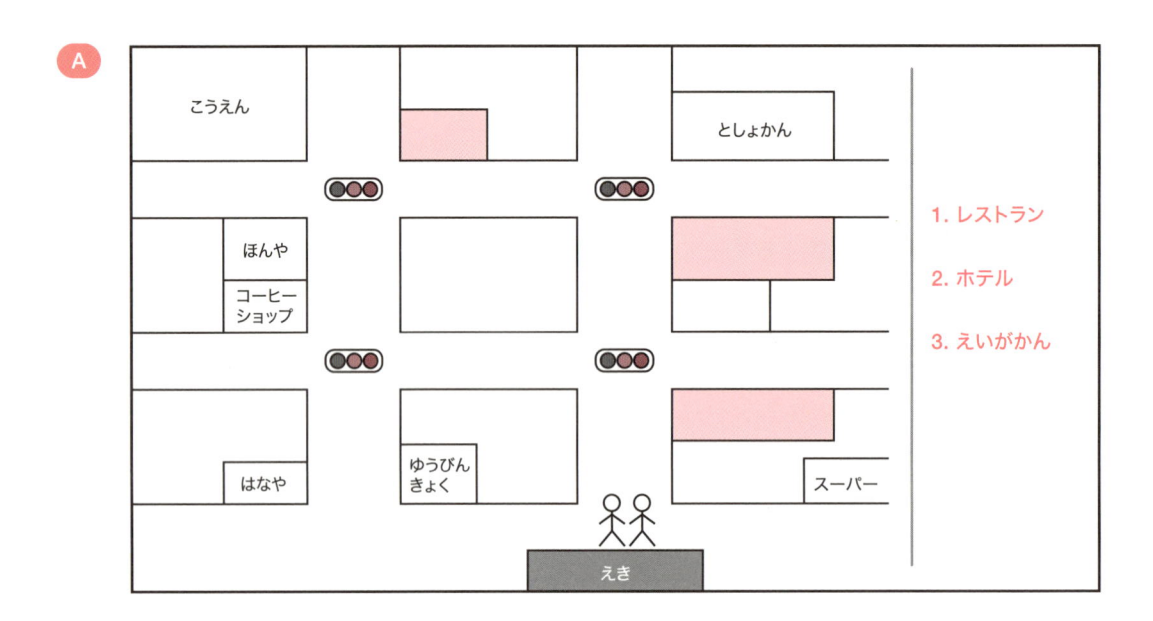

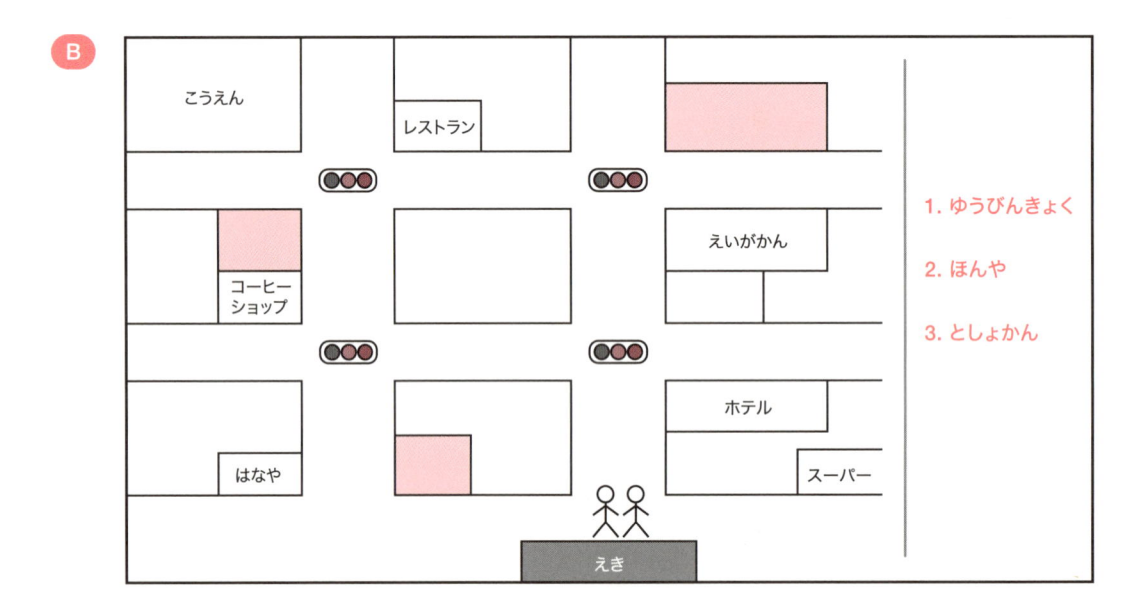

A

- 1. レストラン
- 2. ホテル
- 3. えいがかん

B

- 1. ゆうびんきょく
- 2. ほんや
- 3. としょかん

3 ここがポイント！

学習者の様子をよく見て、応用練習がうまくいかない原因を探りましょう。導入、練習、応用練習のどの部分に原因があったのかによって対応が変わってきます。応用練習の手順の説明は、簡潔に具体的に行うことが大切です。

コラム 「著作権」について知っておこう

　市販の教科書や同僚の作った教材、ウェブ上の記事や資料等をコピーして、授業中に配布したり使用したりしたいことがあります。こうした「すでに公表された教材を複製して配布する」という行為は、個人の表現の自由と権利を守る法律「著作権法」ではどのように規定されているのでしょうか。

　まず、著作権とは、自らの思想、感情を言葉や音楽、絵画等の表現形式によって創作的に表現した著作物を、著作者が独占的に使用できる（他人に勝手に利用されない）権利のことです。しかし、教育的配慮からの特例として、非営利の教育機関（公益法人、社団法人、財団法人、学校法人等）において教師（先生）あるいは学生（学習者）が教育目的のために行うのであれば、著作権法の第35条第1項において次のように定められています。

> 　学校その他の教育機関（営利を目的として設置されているものを除く）において、教育と担任する者と授業を受ける者は、教育的な目的であれば、必要な範囲で、公表された著作物を複製することができる。その場合、引用元の題名や著作者名などを明記する。

　書籍の場合もウェブの場合も、必ず引用元を明記することは徹底しましょう。例えば、次のように書きます。

- **書籍の場合**：　野田・森口（2004）『日本語を話すトレーニング』ひつじ書房
- **ウェブの場合**：公益社団法人著作権情報センター　http://www.cric.or.jp

　ただし、教育機関であっても、次のような行為は禁止されており、こうした行為を行う場合は著作権者の許諾が必要となります。

- 市販のソフトウェアを学習者が使用する複数のパソコンにコピーする
- ワークブックやドリル教材、問題集等をコピーして配布する
- 市販の商品と同様な形態で製本する
- 保護者への配布物（お知らせ等）に市販の本をコピーして使用する
- 何百枚というような大量のコピーを作って配布する
- 動画共有サイトの映像を複製する

　学校における著作権法についての詳細は、関連団体のHP等を参照し、必要なときにその都度確認するようにしましょう。

公益社団法人著作権情報センター：http://www.cric.or.jp
文化庁「著作権なるほど質問箱」：　http://chosakuken.bunka.go.jp/naruhodo

14 応用練習② 母語 すべての言語 レベル 初級以上 クラス規模 不問

「クラスに一体感が生まれず、活動が盛り上がりません。」

これまで、消防署に見学に行く、近所のお店にインタビューに行く、といった活動をしましたが、学習者たちは出された課題を淡々とこなす、といった感じです。学習者同士で情報や意見の交換をする場面になるとシーンとなったりします。学習者同士がもっと仲良くなれば解決するものでしょうか。活動を盛り上げるために教師ができることは何でしょうか。

1 ココに注目！

- ☐ 日本語教師は授業のためにどんな仕事・役割をこなしていると思いますか。
- ☐ 学習者同士の距離を近付ける工夫を普段からしているでしょうか。
- ☐ 活動の目的は毎回学習者に明確に伝わっていますか。

2 解決法

日本語教師の仕事・役割の例

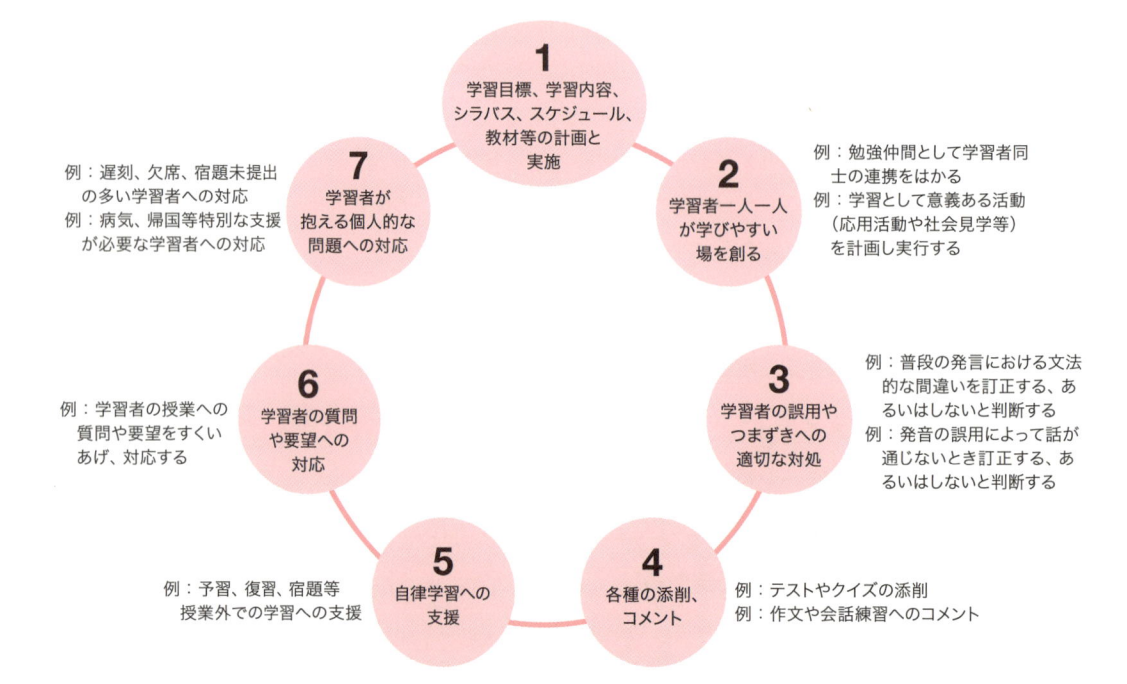

1 学習目標、学習内容、シラバス、スケジュール、教材等の計画と実施

2 学習者一人一人が学びやすい場を創る
- 例：勉強仲間として学習者同士の連携をはかる
- 例：学習として意義ある活動（応用活動や社会見学等）を計画し実行する

3 学習者の誤用やつまずきへの適切な対処
- 例：普段の発言における文法的な間違いを訂正する、あるいはしないと判断する
- 例：発音の誤用によって話が通じないとき訂正する、あるいはしないと判断する

4 各種の添削、コメント
- 例：テストやクイズの添削
- 例：作文や会話練習へのコメント

5 自律学習への支援
- 例：予習、復習、宿題等授業外での学習への支援

6 学習者の質問や要望への対応
- 例：学習者の授業への質問や要望をすくいあげ、対応する

7 学習者が抱える個人的な問題への対応
- 例：遅刻、欠席、宿題未提出の多い学習者への対応
- 例：病気、帰国等特別な支援が必要な学習者への対応

学習者同士が仲良くなったからといって必ずしも活動が盛り上がるとは限りません。クラス活動が活発になるには、学習者にとってそのクラスが学習しやすい場になっていることが必要です。日本語教師には「授業＝学びの場」を創るという役割があることを意識しましょう。
　日本語教師は「日本語を教えること」にとどまらず、学習者の日本語学習を様々な面から支える存在となります。日本語クラスの担当者は、学習目標とシラバスの管理、スケジュール管理、教科書や教授法の選定、評価等の仕事の他にも学習支援に関する総合的な仕事をこなします。

学習者同士の距離を近付ける工夫をしてみよう

　考え方や価値観の違う学習者同士が連携して学べる環境を作るために、お互いの考え方を知る機会となるような教室活動も時々意識的に取り入れてみましょう。例えば、自己紹介の活動では、自己紹介文を黙々と書き、教室の前に立ってそれを読むような活動になりがちですが、ただ読むだけでは緊張感も解けず、学習者同士の活きたコミュニケーションが生まれにくいものです。お互いの距離をまず近付けるためにちょっとした雑談の時間を挟んだり、より深く知り合うために書くテーマを絞ったりするといった工夫を加えるだけでも雰囲気が変わるはずです。

> **工夫例**　まず緊張を解くためにグループに分けて自由に話させ、それから改めて自己紹介をより深く書く。深く書くために内容を絞る
> 　**例**　「私の故郷」「自分が好きな（尊敬する）人」「私の趣味」等、自己紹介に関する話題を1つに集中して書かせる。

活動の目標を明確に伝え、学習者自身に動機を持たせる

　心理学には、人間が目標に向かって行動し続けるためには明確な「動機付け」が必要という理論があります。これを教育に応用すると、目標がわからない、動機も実感できない、といった状態で活動を行うのは難しい、ということになります。例えば、インタビュー活動を計画した場合、それを何のためにクラス活動として行うのかを明らかにする必要があり、さらに、学習者自身に自分は何を知りたいのかを考えさせる「動機付け」の過程を踏ませる必要があるわけです。

> **工夫例**　活動のテーマを学習者自身に考えさせたり、その方法について学習者同士で話し合って決めさせる
> 　**例**　インタビュー活動の場合：教師は「日本人の仕事観」という共通テーマを提示、誰に何を聞くかについては学習者同士で計画を立てさせる。

3 ここがポイント！

> 楽しく盛り上げること自体を目指すのではなく、教室を「お互いに勉強する場」として大きく捉え、学習者が活動の目的を理解し、それぞれの動機を持ち、お互いに協力して活動に取り組めるような、活気ある学習環境を創ることを目指してみましょう。

15 応用練習③　母語 すべての言語　レベル 中級　クラス規模 不問

「中級レベルになったのに、なかなか複文を使いません。」

レベルが中級になってきたにもかかわらず、単文ばかり使って話す学習者がいます。このような学習者は複文を使わないので、いつまでも初級のような印象があります。意味が通じれば、それでもいいのかなと思いますが、中級の授業で教えた表現等はなるべく使ってほしいと思います。

1 ココに注目！

- ☐ 複文で使う文型を学習しているにもかかわらず、学習者が単文を使うのはなぜだと思いますか。
- ☐ 次の2つの発話を聞いたとき、どのような印象がありますか。
  「さいふを落としました。どこかで見ませんでしたか。」
  「さいふを落としてしまったんですが、どこかで見ませんでしたか。」

2 解決法

初級では単文で話したり書いたりしていましたが、レベルが上がるにつれ、もっと長い文を使えるように指導していきます。学習者がなかなか複文を使わない理由には、大きく2つのことが考えられます。

- 長い文はそれだけで言いにくい。
- 単文を使っても十分通じてしまう。

build-up方式で練習する

会話では、どうしても内容を伝えたいという気持ちが先行し、単文でどんどん話したくなるものです。文の構造や接続の形はわかっていてもなかなか言えない場合には、毎回授業の始めや終わり等の数分間、口頭練習を行ってみてはどうでしょうか。教師がモデル文を言い、学習者がリピートします。**長い文はリピートをするのも大変**ですから、**文のうしろから徐々に長くして言っていくbuild-up方式**を使ってみましょう。

教師：　今日は午後から授業があるので、私はここで失礼いたします。	
私はここで失礼いたします。	➡学習者：リピート
授業があるので、私はここで失礼いたします。	➡学習者：リピート
午後から授業があるので、私はここで失礼いたします。	➡学習者：リピート
今日は午後から授業があるので、私はここで失礼いたします。	➡学習者：リピート

複文、単文で言うときのそれぞれの印象を伝える

　意味が通じるのであれば単文でも十分だと考える学習者は、なかなか複文を使うようにはなりません。しかし、中級以上ともなると日本語を使う場面にもバラエティが出てきます。例えば、大学でプレゼンテーションをすることもあるでしょうし、社会人であれば会議等で発言する機会も出てくるでしょう。

　単文を使った話し方は、教室の外では子どもっぽい印象に映ることがあります。また、アルバイトや就職活動等の社会活動の際、複文で話すのと単文を連ねて話すのとでは、だいぶ印象が変わってくるのではないでしょうか。そこで、複文、単文で言うときの、それぞれの印象を学習者に伝えてみましょう。

具体例1　教師自身が、自分が感じる印象について話す

> 例　「短い文で話していると、いつまでも初級のイメージがあります。中級の表現をたくさん勉強しましたから、どんどん使ってみましょう。」

具体例2　日本人ゲストを招いて、印象について話してもらう

> 例　「一生懸命勉強していていいと思いますが、日本語を勉強したてなのかなという感じがしました。」
> 「もし、ビジネスの場面だったら、長い文で流暢に話している人に仕事を任せたいと思うかもしれません。」

具体例3　プロジェクトワークとして、日本人にインタビューをして印象を聞き、調べたことについて発表する

　どんなに口を酸っぱくして「長い文で！」と言っても、学習者の意識が変わらなければ学習者は長い文で話すようにはなりません。**これまで使ってきた、使いやすい初級文型を捨て、中級表現を習得していくためには、何かきっかけを作ってあげることです。**

　上記のように、印象について伝えることによって「複文を使用することで、相手が自分に対して抱くイメージも変わってくる」ということに学習者が気付けば、複文や中級表現を使ってみようというきっかけになるでしょう。

3　ここがポイント！

> 複文や中級表現を使うようになるためには、まず学習者自身の意識が変わらなければなりません。複文、または単文を使うことで日本人はどんな印象を持つのかを学習者に伝えてみましょう。

16 応用練習④ 母語 すべての言語 レベル 初級以上 クラス規模 不問

「感謝するはずのところで「〜てくれる」が出てきません。」

初級のクラスで、応用として「私が感謝したい人」という題の作文を書いてもらったところ、既習のはずの「(Vて) くれる」の文型を使った文を書いてほしかったのに、多くの学習者が使っていなかったのでがっかりしてしまいました。導入の説明に問題があったのでしょうか。

1 ココに注目！

- ☐ どんな文型にどんな気持ちや感情が表れるでしょうか。例を挙げてみましょう。
- ☐ 導入のときに用法だけでなく、気持ちのニュアンスにも触れましたか。

2 解決法

日本語には「気持ち」のニュアンスが強い文型があります。例えば、初級文型では以下のような文型です。

> **Point**
> - Ｖたいです／Ｖつもりです／（Ｖ意向形）と思います
> - Ｖてしまいました（後悔）
> - 受身形（Ｖれます／Ｖられます）／使役形（Ｖせます／Ｖさせます）
> - Ｖてくれます／Ｖてもらいます／Ｖてあげます
> - 敬語

コミュニケーションで実際に使えるようになるために、文型導入時から「気持ち」のニュアンスが理解できるような工夫をしてみましょう。

既習文型とのニュアンスの違いを示す

既習の表現と気持ちの上での違いが示せる場合は、導入で示しておくとよいでしょう。

例　「お母さんがケーキを作りました」
＝本当にあったこと。新聞やニュースで使う。
「お母さんがケーキを作ってくれました」
＝「ありがとう」の気持ちがある。

その言葉を典型的に使う文脈（場面、人間関係）の中で導入する

　敬語のように人間関係や場面に深く関わる文型は、必ず「どこで（どんな状況で）」「誰が」「誰（何）のために」「何をするか」という文脈を作って導入してみましょう。

> **例**　謙譲語は「私が相手のため（相手の利益や相手にとってよいこと）に行う」というニュアンスがある。例えば、「私は 先生に お水を お持ちしました」という例文で導入するとき、「私」が「先生」に「お水を持っていく」絵に、季節は夏で、「先生」が汗をかいて暑そうにしている様子を加え、「先生のために」というニュアンスを強調する。

「気持ち」を視覚的に見せる

　例えば、「〜てくれる」「〜てもらう」の感謝のニュアンスを印象付ける場合、仮の登場人物を設定し、その人間関係を使った例文を作った上で、物の移動と感謝の気持ちを視覚的に見せるという方法が考えられます。

> **例**
>
> 私は　ユンさんに　おみやげを　もらいました。
> ユンさんは　私に　　　おみやげを　くれました。

16 感謝するはずのところで「〜てくれる」が出てきません。

マイナスの感情を伝える文型は、学習者が実感しやすい場面を提示する

　例えば、「あげる」や「Vてあげる」は、「相手に対する親切な気持ち」を表しますが、実際に使うと「押し付けがましさ」のニュアンスが出やすい文型です。初級の場合は、まず家族や友達等、親密な人間関係に限って導入し、次に問題が起こりそうな例文を提示しながら、相手がどのような気持ちになるか等、コメントを加えるとよいでしょう。

例　〇　昨日、私は　親友に　本を　あげました。
　　　➡説明：親友に対する親切で親密な気持ちが相手に伝わる。
　　✕　明日、（私は）先生に　私のレポートを　あげます。
　　　➡説明：先生に親切にするために宿題のレポートを提出するのではない。この場合は「あげます」ではなく「出します」や「提出します」でよい。

3 ここがポイント！

導入から「Vてくれました」の典型的な文脈（ストーリー）を作り、気持ちのニュアンスとともに説明することで、用法がより印象に残るはずです。

第2章

科目別、ココで困った!

2章では、文型、作文、聴解、読解、会話、漢字、語彙、日本事情等、科目別に、授業のやり方に悩む新人教師の方の質問に答えます。授業を振り返り、与えられた環境や状況を活かして授業を活性化する方法も伝えます。

01 文型の授業① 母語 すべての言語 レベル 初級 クラス規模 不問

「テ形がなかなか定着しません。」

テ形の導入練習が終わりましたが、作文や日常会話の中にテ形がほとんど出てこず、定着していません。教科書の提出順序通りに、「〜てください（依頼）」「〜ています（進行中の動作）」「〜てもいいです（許可）／〜てはいけません（禁止）」の用法まで学習してきました。習ったテ形の用法を作文の時間や日常会話の中でも進んで使うようになるには、他にどんな学習をしたらいいでしょうか。

1 ココに注目！

- ☐ 用法の説明の後、教科書に載っているドリルだけ練習して終わっていませんか。学習者の理解度に合ったドリルに変えたり、追加してみたりしたことがありますか。
- ☐ 学習者が「〜てください（依頼）」「〜ています（進行中の動作）」「〜てもいいです（許可）／〜てはいけません（禁止）」を使う場面をそれぞれ書き出してみましょう（例：どんな用件、どんな人間関係、どんな場所）。

2 解決法

学習者が学習した文型を実際に使わない理由は大きく2つ考えられます。

- 正確に使えない（例：活用がうろ覚え、発音できない）
- 適切に使えない（例：実際にいつ使ったらいいかわかっていない）

これまでの文型練習の授業を振り返り、問題の学習者がどちらの理由で既習の文型を使わないのか、あるいは正確さでも適切さでもつまずいているのか、まず点検してみてください。

正確に使えない場合：
学習者の理解度に合ったドリルを再検討する

　正確に使えないという理由でその文型を使うのを避けているような場合は、**ドリルの方法を見直すとよい**でしょう。ここで言うドリルとは、パターン・プラクティスとも言われている、主に口頭で行う練習のことです。活用の定着や文の構造の理解を目的として行うドリルは機械ドリルとも呼ばれ、次のようなものがあります。

反復練習	教師が言った言葉（キュー）をそのまま繰り返す練習。1人ずつでもいいし、クラス全体でリピートしてもよい。 例　教師：　がっこう　　　　学習者：　がっこう 　　教師：　きょうしつ　　　学習者：　きょうしつ
代入練習	教師が提示した言葉（キュー）を使って文の中の単語を入れ替える練習。入れ替える場所は目的と難易度によって、一箇所でも複数箇所でもよい。 例　教師：　　明日、学校へ行きます。図書館 　　学習者：　明日、図書館へ行きます。 　　教師：　　公園 　　学習者：　明日、公園へ行きます。
変形練習	教師が提示した言葉（キュー）をあらかじめ決めておいた形に変形する練習。活用形を覚えるときによく使用される。 例　教師：　来ます　　　　　学習者：　来てください。 　　教師：　見ます　　　　　学習者：　見てください。 　　教師：　読みます　　　　学習者：　読んでください。
拡張練習	教師が提示した言葉（キュー）をつなげて長い文を作っていく練習。 例　教師：　読んでいます。　学習者：　読んでいます。 　　教師：　本を　　　　　　学習者：　本を読んでいます。 　　教師：　日本語の　　　　学習者：　日本語の本を読んでいます。
完成練習	教師が提示した不完全な文を学習者自身が補って完成させる練習。 例　教師：　　キムさん　本　読んでいます。 　　学習者：　キムさんは　本を　読んでいます。
応答練習	教師が提示した質問について、指定された言葉を使って答える練習。 例　教師：　　アリさんは絵を描いていますか。はい 　　学習者：　はい、アリさんは絵を描いています。 　　教師：　　ユンさんは本を読んでいますか。いいえ 　　学習者：　いいえ、ユンさんは本を読んでいません。

　実際に使えるようになることをより明確な目的とする場合は、次の例のように、さらにもう一工夫してみましょう。

工夫例　「～てください（依頼）」の場合
　問題　教科書に載っている変形練習と応答練習を練習しても正確さが確認できない。
　➡ 解決法　拡張練習のドリルを加える。少しずつ文を長くしていくので、どこが正確にできていないか、学習者もつかみやすい。

01 テ形がなかなか定着しません。

適切に使えない場合：
学習者が使う場面を導入やドリル、応用練習に取り入れる

場面に適切に話すための応用ドリルには、次のような種類があります。

場面ドリル	教師が提示したある具体的な状況や場面に適切な文を作る練習。学んだ文型を実際の場面でどう使うか確認できる。 **例** 教師： タクシーに乗りました。新宿に行きます。何と言いますか。 　　　学習者：新宿まで行ってください。 **例** 教師： これからテストをします。リーさんはノートを見ています。 　　　　　　だめですね。リーさんに何と言いますか。 　　　学習者：ノートを見てはいけません。
会話ドリル	教師が提示した会話の一部を自由に作る練習。学んだ文型を学習者自身の発話の中で確認できる。 **例** 病院に行く 　　　医者： どうしましたか。 　　　学習者：＿＿＿＿＿がいたいんです。 　　　医者： いつからですか。 　　　学習者：＿＿＿＿＿からです。 　　　医者： 熱をはかりましょう。…３８度ありますね。 　　　学習者：今日の午後、＿＿＿＿＿があるんです。 　　　　　　　＿＿＿＿＿てもいいですか。
インタビュータスク	課題に沿って質問を考え、インタビューに行き、必要な情報を得る練習。 **例** 許可や禁止の表現を学習した後、実際に図書館に行き、担当者に図書館を利用するときの注意事項を聞いてくる。
ロールプレイ	場面と役割を設定し、その場面と役割に沿った会話を作る練習。 **例** 自分の国を旅行したい人に対して、学習した文型を使って旅行中のアドバイスをする練習。「ペットボトルの水を買ったほうがいいですよ」「○○公園がきれいなので、ぜひ行ってみてください」

こうした応用ドリルには、日頃の観察や聞き取りの結果を元に、**学習者自身が実際に使う場面を導入や練習に取り入れる**ようにしてみましょう。

具体例 「～てください（依頼）」を使った会話の応用練習

学習者の視点で、依頼の「～てください」をいつ使用するか考え、会話の場面に取り入れる。

問題 「～てください」は、「依頼」の表現ではあるが、「指示」のニュアンスが強いので、ポライトネスの観点からすると使えない場合が多い。

➡**解決法** 医者や空港の入国審査、警官等、相手に指示ができるような役職についている人がいる場面設定にして、より現実的なロールプレイにする。

例1 先生に宿題を見てほしいとき
△ 「宿題を見てください」（指示のニュアンスが強い）
○ 「宿題を見てくれませんか／宿題を見てもらえませんか」（恩恵のニュアンス）

例2 空港の入国審査で
「パスポートを見せてください」

例3 医者が患者に
「うしろを向いてください」

3 ここがポイント！

テ形の他に新しい学習を用意する前に、今行っている文型の練習（ドリル）が、「正確さを身に付けること」と「適切さを身に付けること」の2つの面を十分に満たしているか、点検してみましょう。

02 文型の授業② 母語 すべての言語 レベル 初級後半 クラス規模 不問

「受身形がなかなか出てきません。」

先日、いわゆる被害の受身文を導入、練習しました。そして、今日復習としてその応用練習をしましたが、これまでに習っていた能動文で話す人が多く、学習者からなかなか受身文が出てきませんでした。やはり、学習者にとって日本語の受身文は難しいのでしょうか。

1 ココに注目！

- □ 受身文を導入するとき、文の構造の説明だけで終わっていませんでしたか。
- □ 受身文に含まれる「気持ち」についても学習者に教えましたか。

2 解決法

受身文が出てこないというのは、まず、導入の仕方に問題があったのかもしれません。日本語の教科書を見ると、いわゆる能動文と受身文が並べて示してあることがあります。

例 (a) 先生が わたしを しかりました。
　　(b) わたしは 先生に しかられました。

導入のとき、このような例文を板書し「主語と目的語が反対になります。そして『しかります』を受身形にします」と構造を示すだけでは、学習者からは受身文は出てくるようにはならないでしょう。実際の使用場面において頭の中でいちいち構造を考えながら文を組み立てるのでは会話も弾みませんね。「構造を示す→理解する→話せるようになる」というわけではないのです。

例のa、bは同じ事柄を表しています。これまでaの文で言っていたものを、わざわざ難しい形に変化させて言わなくても意味が通じるならそれで十分じゃないかと考える学習者もいます。しかし、bの「しかられました」には、行為の受け手である「わたし」の「嫌だ、困った、残念だ」等の心情が含まれています[*]。受身文を使うと、このような気持ちを表すことができるということを学習者に示しましょう。

体感できる導入を

受身文の意味を身を持って理解させるために、次のような導入方法があります。どのような気持ちのときに受身を使うのかを体感してもらいます。

62

導入例

教師：	（学習者1の机の上に便せんを置く） これは学習者1さんの大切な手紙です。ラブレターですね。 誰からもらいましたか。何が書いてありますか。 学習者1さん、ちょっと見せてください。
学習者1：	だめですよ。
教師：	ちょっとだけ見せてください。（無理矢理取って） えーっと…（見るふりをする）
学習者1：	困りますよ。
教師：	そうですね。みなさん、ラブレターをもらいました。 それを友だちが見ました。どんな気持ちですか？
学習者2：	はずかしいですね。
学習者3：	困ります。
学習者4：	やめてください！
教師：	そうですね。困りました。嫌です。大変！　どうしよう！ そのような気持ちを表したいとき、受身文を使います。 学習者1さんは友だちに手紙を…見られました。

　導入で自分のこととして考えさせたり、体感させたりすることで、文型の示す意味や使い方について、より理解を深めることができます。受身文で表せる場面が多く出てくるビデオ教材や動画等も導入の際には便利です。

口慣らしの練習不足の可能性も

　学習した文型が学習者からなかなか出てこない別の原因には、口慣らしの練習が不足していることも考えられます。形も少し複雑になり、可能形や使役形と混同してしまうこともあるので十分に練習を行いましょう（→p.42）。

参考：氏家研一（2012）『ビデオ講座 日本語 第1集　受け身、使役受け身、使役2（許容使役）』東京書籍

＊　受身文の用法や分類には諸説あるが、大きく分けて被害や迷惑を表す受身と迷惑や被害を表さない中立の受身がある（例：今年のサミットは日本で行われる）。ここでは、迷惑や被害を表す受身文の導入に関して取り上げる。

3 ここがポイント！

「受身文は難しい」と考えるのではなく、学習者が「自分のこと」として捉え、体感できる導入を考えてみましょう。口慣らしの練習も大切です。

2章　科目別、ココで困った！　文型の授業②

03 文型の授業③

母語 すべての言語　レベル 初級〜中級　クラス規模 不問

「本来使われない場面で「〜んです」を使う学習者がいます。」

「〜んです」という文型を学習しましたが、「すみません、バスが来なかったんですから、遅れました」のように、普通は会話の中で使わないところでも「〜んです」を付けて言ってしまう学習者がいます。「〜んです」を多用する学習者には、どのように指導したらいいでしょうか。

1 ココに注目！

- ☐ 「〜んです」の持つ意味について、きちんと分析できていますか。
- ☐ 「〜んです」また、「〜んですが、〜してもいいですか」の例文を2〜3つ考えて、使用場面を整理してみましょう。

2 解決法

　「〜んです」という文型は会話の中でとてもよく使われるものですが、実は学習者にとっては、どんな状況で使うべきか把握しにくいものの1つです。日本語の授業で取り上げられる「〜んです」の典型的な用法は、次の2つに分類されます。

> **Point**
>
> ①理由を説明する：具合が悪そうな人や、遅刻した人に対して理由を問うという場面等で使われる。また、前置きとしての理由説明にもよく使われる。
>
> 　例　(具合が悪そうな人／遅刻をした人に) どうしたんですか？
> 　　　書き方がわからないんですが、教えていただけませんか。
> 　　　東京駅まで行きたいんですが、どこで乗り換えたらいいですか。
>
> ②強調を表す：今年の夏は海外旅行へ行く、有名人に会ったなど、話し手の「言いたい」「聞いてほしい」「自慢したい」等の気持ちを表す場面で使われる。
>
> 　例　今度、結婚するんです。
> 　　　アメリカ留学が決まったんです。

　①②の場合においても、「〜んです」は共有されている知識（例：遅刻した／夏休みの計画）に関連する、付加的な情報を補うときに「〜んです」を使うと考えられます。

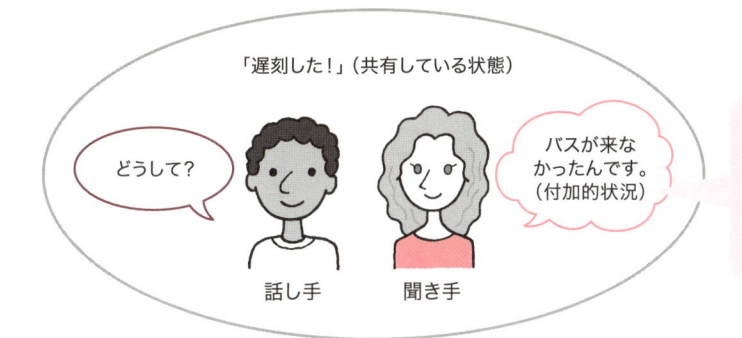

> 「遅刻した！」（共有している状態）
>
> 話し手：どうして？
> 聞き手：バスが来なかったんです。（付加的状況）
>
> 話し手／聞き手のうち、一方だけが知っている付加的な情報がある。この一方だけが知っている情報を示すとき「〜んです」を使う。

学習者の誤った「〜んです」の使用例とその訂正法

誤用例1 理由を表す「から」といっしょに使ってしまう

例　教師：　遅いですね
　　学生：　すみません。バスが来なかったんですから、遅れました。
　　　　　　　　　　　　　　　　　　　　　　✗

この文では、理由を表す「〜から」に、さらに「〜んです」を使って遅れた理由を表しています。そのため、強く理由を訴えている印象になってしまいました。このような誤用が出てきた場合は、「〜んです」だけで理由説明を表していることを確認し、「バスが来なかったんです」と訂正しましょう。

誤用例2 「聞いてほしい」気持ちを強調してしまう

例　（何の前置きもなく突然に）この靴、イタリアで買ったんです。

導入で「聞いてほしい」ときに使うと強調していたために、このような文が出てきたと考えられますが、このような発言は少し唐突な印象を受けます。「〜んです」は、例えば、「すてきな靴ですね」と言われたときや、相手がずっと靴を見ているとき等に「この靴はイタリアで買った」という付加的な情報を示すときに使います。強調を表す用法でも、導入の際に上記のイラストを見せながら説明をすると学習者も理解しやすいようです。

日本人にはどう聞こえるかを伝える

「〜んです」は、相手が理由や説明を求めていない状態で使用すると<u>唐突な印象</u>を与えてしまったり、過剰に使いすぎると<u>押し付けがましく</u>感じてしまうこともあります。日本人にはどのように聞こえるのか、早くからその印象を伝えるようにすると、学習者はどのような場面でどう使えばいいのかが少しずつ把握できてきます。

3 ここがポイント！

> 「〜んです」は、教科書にあるような、典型的な理由説明の場面での定着をまずは第一の目標としましょう。学習者から誤用が出てきたときには、その状況で「〜んです」を使うとどんな印象があるかを伝えてみましょう。

2章　科目別、ココで困った！　文型の授業③

04 文型の授業④ 母語 すべての言語 レベル 初級 クラス規模 不問

「名詞修飾文がすらすらと出てきません。」

「動詞＋名詞」の名詞修飾文を学習しました。導入では「これは本です。きのう買いました。これはきのう買った本です」と言って、板書をして文の構造を説明しました。学習者はうなずいて聞いていましたが、応用練習になると、じっと考え込んでからやっと名詞修飾文が言えるという状態でした。導入の仕方に問題があったのでしょうか。

1 ココに注目！

- ☐ 日本語の名詞修飾文と学習者の母語（例：英語）での名詞修飾文の構造の違いについて考えてみましたか。
- ☐ 名詞修飾文について説明するとき、どのような板書をしていますか。何か工夫していることはありますか。

2 解決法

名詞修飾文がすらすらと出てこない原因には次のようなことが考えられます。

> **Point**
> - 学習者の母語と日本語の構造の違いによる
> - 導入における文の構造の示し方に問題がある
> - 練習におけるキューの出し方に問題がある

学習者の母語と日本語の構造の違いを理解する

なかなか文が出てこない原因の1つに、頭の中で文の構造を考え、1つずつ組み立てながら話しているということが考えられます。特に英語のように名詞を後ろから修飾する言語を母語とする人にとって、前からかかる名詞修飾文を使うことは案外難しいということを理解した上で、導入を見直してみましょう。

例　英語：　the book I bought
　　日本語：私が買った 本

学習者が文を作りやすいように、文の構造を示す

名詞修飾の導入としてよく「これは本です。きのう買いました。これはきのう買った本です」という提示の仕方をします。このとき、文の構造を示すためにどのような板書をするといいでしょうか。

❌ 悪い板書例

```
これは 本 です。きのう買いました。
        ↓    ↓
    これはきのう買った 本 です。
```

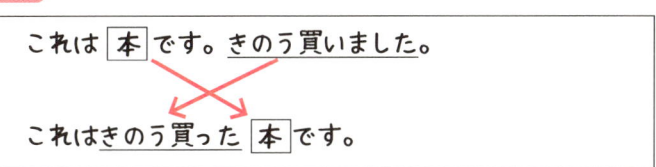

⭕ 良い板書例

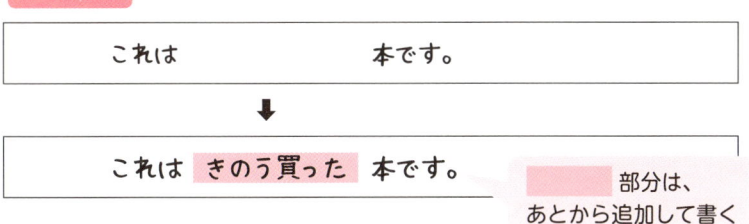

```
これは          本です。
    ↓
これは きのう買った 本です。
```
　　　　　　　　　　　　　　　　部分は、あとから追加して書く

　悪い板書例は、「名詞とそれを修飾する文とを反対にしなければならない複雑な構造」としてインプットされてしまう可能性があります。一方、良い板書例は「これは本です。きのう買いました」と言った後に「これは本です」と板書し、次に「きのう買いました。きのう買った本です」と言いながら「きのう買った」の部分を追加して板書します。このようにすると、文の構造をわかりやすく示せるだけでなく、そのあと、学習者が文を作る際にも頭の中で文をひっくり返しながら考えるということを避けることができます。

練習のときのキューの出し方も文を作りやすい順番で提示する

　学習者にとって、aとbとではどちらの方が文を作りやすいでしょうか。

例 （a）　教師：　　漢字です。きのう習いました。
　　　　　学習者：　きのう習った漢字です。
　　（b）　教師：　　きのう習いました。漢字です。
　　　　　学習者：　きのう習った漢字です。

　語順を変えなくてもいいbの方が学習者には言いやすいのではないかと思います。練習では、学習者が構造を考え込まないような文を次々に提示していきます。「きのう習った漢字です」の形ができるようになったら、「きのう習った漢字はむずかしいです」「私はきのう習った漢字をノートに書きました」のように、文の中の色々な部分に組み込んでいく練習も行っていきましょう。

3 ここがポイント！

名詞修飾文がすんなりと出てこない原因には、母語との文構造の違いや、導入・練習の仕方等に問題がある可能性があります。学習者が文の構造を考え込まず、文を作りやすい提示、練習をする必要があります。

05 文型の授業⑤ 母語 すべての言語 レベル 初級 クラス規模 不問

「自他動詞の暗記で精一杯…。単調にならない導入方法が知りたいです。」

自他動詞の導入が説明と暗記中心の単調な授業になってしまったのが気になっています。自他の違いについて絵カードを見ながら確認、語彙を覚えて最後に確認クイズをするという流れを作りましたが、学習者は動詞の暗記で精一杯のようでした。もう少しコミュニカティブで、記憶にも効果的な自他動詞の練習方法があったら知りたいです。

1 ココに注目！

- ☐ 自他動詞の導入をコミュニケーションにつなげる活動を考えるために、自他動詞に関係する文型をリストアップしておきましたか（例：「（主語）がV（自動詞）ている」）。
- ☐ 導入のあとも自他動詞をさらに定着するための練習を行いましたか。定着のためにはどんな練習方法や活動が有効でしょうか。

2 解決法

多くの教科書で自他動詞は、他の関連する文型と関連付けながら提示されています。自他動詞の学習は教師も学習者も語彙に意識が集中してしまいがちですが、自他動詞の学習の大きな目的は、それに**関連する文型を理解し使えるようになること**です。自分の授業担当でなくても、関連事項はリストアップしておき、活動に適宜活かしましょう。

例 自他動詞と関連する文型

文型	機能	例
（主語）が（自動詞）ている	動作の結果	窓が開いている。
（主語）が（目的語）を（他動詞）ている	進行中の動作	Aが窓を開けている。
（目的語）が（他動詞）てある	意図的な動作の結果の保持	予定が書いてある。
（目的語）を（他動詞）ておく	準備	夕食を作っておく。
（主語）が（目的語）を（他動詞）ておく	意図的な状況の保持	窓を開けておく。
（目的語）が（主語）に（他動詞の受身形）	直接受身	先生にほめられた。
（主語）が（目的語）に（自動詞の受身形）	迷惑の受身	雨に降られた。

導入が終わったら、いろいろな角度からの練習を行い、語彙の定着をはかる

　導入で絵カードを見せて語彙の意味を確認し、暗記を促すだけでは、まだ定着はしたとは言えません。導入の後、さらにいくつかの角度から練習を重ね、コミュニケーションの中で活用できる語彙力を付けていきましょう。

導入例　導入のあとで行う定着を目的とした練習

- **フラッシュカードによる反復練習**：導入で使った絵カードをフラッシュカードにし、導入の後の一定期間、絵を見ながら語彙を口頭で答える反復練習を行う。
  - 例　導入で使った自動詞と他動詞がペアになった絵（例：ドアが開く・ドアを開ける）をフラッシュカードのように見せ、動詞の違いを確認する。
- **短文作成**：覚えた語彙を使って短文を作成する。授業の空いた時間等にできる。
  - 例　教師が既習の自動詞を口頭で提示し、学習者はその自動詞を使って短作文し、ノートに書いたり、口頭で発表したりする。
- **かるた**：語彙カードをかるたのカードに見立て、自他動詞のペアを集めるゲーム。
- **連想ゲーム**：対になっている自他動詞の片方だけ見せ、対となるもう片方を連想するゲーム。
- **会話作成**：関連する文型が使える場合の応用練習。関連する文型も使い、会話を作成する。
- **活動**：関連する文型が使える場合の応用練習
  - 例　3～4人のグループを作り、好きな日本料理の作り方を調べさせる。「Nが（他動詞）ておく（準備）」を使いながら、作り方の手順を整理し、発表する。

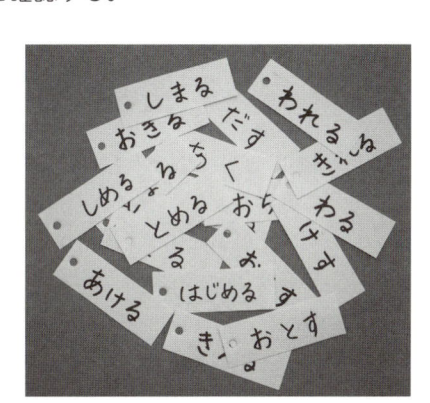

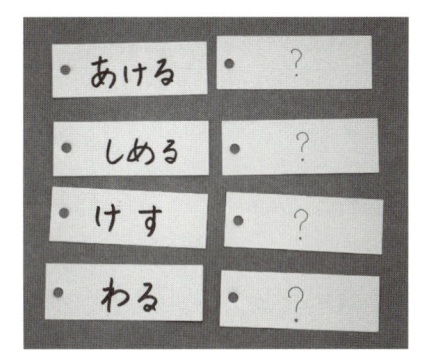

3 ここがポイント！

自他動詞の語彙リストを配布し、自他の違いについて絵カードを見ながら確認するのは、あくまでも導入練習の段階です。この後も記憶の定着のために、短時間で行えるような反復練習や、関連する文型と関係付けた応用練習を重ね、総合的にコミュニケーションの中で使えるようになる授業計画を立ててみましょう。

06 文型の授業⑥ 母語 すべての言語 レベル 初級以上 クラス規模 不問

「授受の使い分けで混乱しているようです。」

授受表現の「あげる」「くれる」「もらう」を導入しましたが、意味は理解しても、「あげる」「くれる」「もらう」の使い分けが混乱しており、運用も難しいようです。授受表現の混乱しにくい導入の仕方が知りたいです。

1 ココに注目！

- □ 「あげる」「くれる」「もらう」それぞれの典型的な使用場面（学習者に身近な場面）で例文を作ってみましょう。
- □ 考えた例文を比べて見ながら、「あげる」と「もらう」の違いは何か、「あげる」と「くれる」の違いは何か、自分自身で整理してみましょう。

2 解決法

「あげる」「もらう」「くれる」を1つずつ導入して練習する教科書が多いようですが、もし導入から使い分けを明確にしたいときは**あえて2つを対比させながら導入する**のも効果があります。例えば次のような2種類の対比パターンが考えられます。

「あげる」と「もらう」を対比して導入する

「あげる」と「もらう」の違いは、**同じ現象を違う視点から表現している**、という点にあり、例えば、次のように1つの図を使いながら、例文を並べて見せることでその違いを示すことができます。

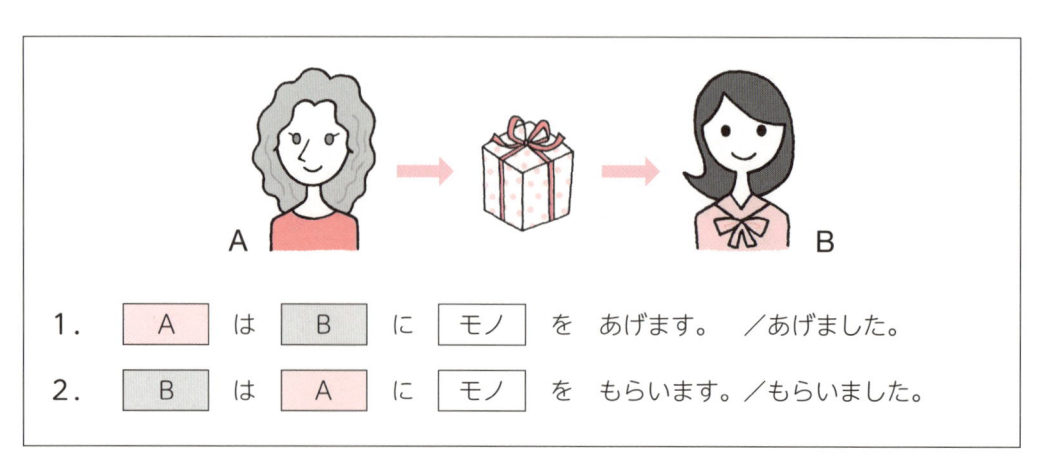

1. ［A］は［B］に［モノ］を あげます。／あげました。
2. ［B］は［A］に［モノ］を もらいます。／もらいました。

70

具体例1 「A（ケイ）さん」が「B（リン）さん」に（モノ（おみやげ））をあげる場合

1. ケイさん は リンさん に おみやげ を あげます。
2. リンさん は ケイさん に おみやげ を もらいます。

具体例2 「A（わたし）」が「B（リン）さん」に（モノ（おみやげ））をあげる場合

1. わたし は リンさん に おみやげ を あげます。
2. ✗ リンさん は わたし に おみやげ を もらいます。

注：ここで、「Bさんは A（わたし）に ～を もらいます」が慣習的に作れないことを補足し、✗「リンさんは わたしに おみやげを もらいます」等と板書で見せるとよい。

注：「わたしは ～さん に ～を もらいます」は可能であることも補足。

「あげる」と「くれる」を対比して導入する

「あげる」と「くれる」の大きな違いは「くれる」は必ず「わたし（あるいは家族など自分に非常に近い人間）」が受け取り手になるので、その点を強調した導入をします。

具体例3 「もらいます」を学習した後、既習項目と比較しながら導入する場合

❶「わたしはリンさんにおみやげをもらいます」を「あげます」を使って作文、何人かに板書させる。

⬇

❷ 既習のルールを適応すると「リンさんはわたしにおみやげをあげます」と書く学習者が出てくる。

⬇

❸ 板書の文の「あげます」を消し、「わたしに」に赤い線を引いて注目させ、「『わたし』のときは『くれます』」を使います」と説明しながら、訂正して見せる。

> リンさんは わたしに （おみやげ）を あげます。
> くれます

授受表現がもつニュアンスも導入から指摘していこう

授受表現をモノの移動だけで説明すると、「わたしは先生にレポートをあげました」というような文が出てきがちです。導入時に、日本の授受表現はあげる側の「好意」やもらう側の「感謝の気持ち」が生まれる場面で使われることを確認しておきましょう。

06　授受の使い分けで混乱しているようです。

具体例4　導入で「好意」や「感謝の気持ち」を視覚的に示す

　知り合いや家族へのおみやげ、友人の誕生日祝いなど、一見して「好意」が明らかな場面や、見知らぬ人同士でも親切を受けるとありがたいような場面を設定する。さらに感謝を示す「ありがとう」の吹き出しやハートの絵を描く等、印象に残りやすい工夫を加える。

きのうはともだちのたんじょうびでした。
わたしは　ともだちに　プレゼントを　あげました。

3　ここがポイント！

使い分けができていないようなら、実際に学習者がどこで混乱しているのかを分析した上で、それぞれの文型の違う点を説明しましょう。また、運用がつまずいているようなときは、コミュニケーションの上でのニュアンスがわかっていない（どんな場面や気持ちで使っていいかわからない）場合もあるので、導入時から配慮が必要です。

コラム　敬語の仕組み

　敬語は大きく5種類（または3種類）に分けることができます。かつては3種に分けられていましたが、2007年に文化審議会国語分科会が「敬語の指針」の答申を提出し、5種の分け方が示されました。

5種類	働きと用例	3種類
尊敬語	「いらっしゃる・おっしゃる」型 **働き**：相手または話題の人物の行動、もの、状態をたてる 　例　いらっしゃる・お書きになる・書かれる・御社	尊敬語
謙譲語Ⅰ	「伺う・申し上げる」型 **働き**：自分から相手または話題の人物のために起こした行動を謙譲することで相手をたてる 　例　伺う・書いていただく・お書きいただく	謙譲語
謙譲語Ⅱ （丁重語）	「申す・参る」型 **働き**：自分の行動を相手に対して堅く改まって述べる 　例　いたす・おる・ござる・存じる・まいる・申す・弊社	
丁寧語	「です・ます」型 **働き**：話や文章の相手に対して丁寧に述べる 　例　です・ます	丁寧語
美化語	「お酒・ごはん」型 **働き**：ものや物事を美化して述べる 　例　お酒・お天気・ごはん・お弁当	

07 文型の授業⑦ 母語 すべての言語　レベル 初級　クラス規模 不問

「学生が敬語は必要ないと思い込んでいます。」

社会経験のない留学生のクラスを担当しています。敬語を導入しましたが、今の自分には必要ないと思っている学生が多く、学習者の中には、「日本人の友達に若い人は敬語を普段使わないと言われた」とか、「テストには必要ない」と言う人もいます。日本語で生活したり活躍したりするには必須だと思うので、初級の段階から敬語を身近に感じてもらうための授業の工夫が知りたいです。

1 ココに注目！

- ☐ 日本で生活する留学生が毎日聞いたり話したりする敬語にはどんなものがあるか、使う場面といっしょに挙げてみましょう（海外で教えている場合は海外において）。
- ☐ 話す練習だけに集中していませんか。聞いたり書いたりする活動も取り入れていますか。

2 解決法

日本で生活しながら日本語を勉強していても、海外で日本語を勉強していても、日本語でコミュニケーションを取るときに敬語に触れないでいることはできません。ここで言う敬語とは、尊敬語、謙譲語、丁重語、丁寧語、美化語（→p.73）を意味します。敬語は、実は日常的な場面でもよく用いられており、「です・ます形（体）」とも呼ばれる丁寧語も敬語の1つです。

留学生が「すぐ使える」と実感できる場面設定を取り入れる

留学生に身近な敬語といえば、この「です・ます」を使う場面（使わない場面）がまず挙げられるでしょう。例えば、初級後半であれば次のような活動が考えられます。

具体例　「ある？」VS「ありますか？」（どちらを使う場面かあてっこをするゲーム）

学習者に絵カードや言葉等で場面を説明して、普通形を使うか「です・ます形」を使うか、それぞれ会話を考えさせる。

- 「コンビニで弁当を温めてもらう」VS「寮の友達に弁当を温めてもらう」
- 「先生に明日テストがあるか聞く」VS「クラスメートに明日テストがあるか聞く」
- 「知らない人に道を聞く」VS「子どもに道を聞く」

74

敬語を「話す、聞く、書く、読む」をバランスよく取り入れる

　話すだけでなく、日本語で問い合わせのメールを書いたり、公共のお知らせを読んだりする等、敬語を書いたり読んだりすることも意外と多いものです。「日本人と話すチャンスがないから敬語は使うチャンスがない」と学習者が思い込まないように、**「話す、聞く、書く、読む」の、どの場面でも使える**ようにいろいろな練習を取り入れてみましょう。

> **具体例**　身近な敬語探し

- 自分がよく見るサイトにどんな敬語が使われているか調べてみる。
- 駅のアナウンスにどんな敬語が使われているかリスニングする。
- 学校や公的機関のお知らせに使われている敬語を調べてみる。

　学習者自身が敬語を話す機会がなくても、例えば、自分がよく見る通販サイトやテレビ番組等に多くの敬語が使われていることに気付くだけでも、敬語という概念の理解が進みます。敬語のある文を読み、理解することで自分の行動範囲が広くなることを実感できれば、敬語学習の意義も理解することでしょう。

3　ここがポイント！

> 日本人の友達に「若い人は敬語を普段は使わないよ」と言われて信じこんでしまった学習者には、自分の身の回りに普通に見られる「です・ます」の使い分けを自分で発見してもらう機会（練習）を提供してみましょう。自分で発見することができれば、敬語が特別なものという思い込みも解けると思います。

08 文型の授業⑧ 　母語 すべての言語　レベル 中級　クラス規模 不問

「中級でも初級文型を教える方法で教えていいでしょうか。」

中級クラスを教えることになったのですが、教育実習で初級クラスしか担当しなかったので、中級を教えるのは初めてです。担当するのは文型中心のクラスなのですが、中級ならではの教え方があったら知りたいです。

1 ココに注目！

- □ 日本語教育で初級と中級はどのような基準で分けられているか確認しましょう。
- □ 一般的な中級の学習目標は何だと思いますか。

2 解決法

　初級か中級かを決める基準は、日本語能力試験（主催：国際交流基金・日本国際教育支援協会）の認定基準を利用するのが一般的です。この認定基準は、現在はN1（難）からN5（易）までの5つのレベルで運用されており、初級はN5とN4、中級はN3とN2とされています（→p.78）。

　教育機関の中には、レベル分けのためのプレースメントテストを行い、認定基準を使ってレベルを判断するところもありますが、学習者それぞれが実際にどのレベルにいるかは、直接教える教師も判断する必要があります（→p.176）。

学習者のレベルと変化に合わせて学習内容と教え方を考える

　初級から中級への経過の中では、様々なことが変容し続けています。読み書きが上達していくと同時に読んだり書いたりする内容も変わりますし、最初は教室内のコミュニケーションで精一杯だったものが、会話練習の成果が出てくれば教室の外に出て会話しようという気持ちに変化していくことでしょう。

　初級から中級は各自の学習目標も具体的に変わっていく時期です。教師はこうした学習者の状況や変化に常に注目することが大切で、その観察を元に教える内容と教え方を変容させていくことになります。特に、学習目標と学習内容の2つは常に押さえておきます。

> **Point**
> - 学習目標：現在の学習を経てどうなりたい、何ができるようになりたいと思っているか。
>   日本で就職したい／日本語で新聞が読みたい等
> - 学習内容：どんな内容を学習し、どんな能力を伸ばしたいと思っているか。
>   漢字語彙を増やしたい／スピーチができるようになりたい等

中級の教え方のキーワードは「個別」「自発」「活動」

　例えば、学習者のレベルを測った結果、中級クラスに入っているものの初級文型が定着していないことがわかった場合は、初級文型を振り返りながら（ドリル等も取り入れながら）中級の項目を学習することになります。そのときは初級の教え方を一部継続しつつ、中級として知識を拡大していくという教え方を取ることになります。

　初級と中級の方針の違いは、次のように対比することができるでしょう。

	初級	中級
学習目的	基本的な日本語を理解し運用する日本語力を付ける	個別の目的に沿った日本語力を付ける
学習内容	・基礎的な日本語の知識と運用力（例：初級文型、骨格となる文構造、基礎語彙と漢字、日常的な会話） ・全ての学習者に合った内容	・より複雑で詳細な日本語の知識と運用力（例：中級文型、複雑な文構造、専門語彙と漢字、社会的な会話） ・学習者のニーズに合った内容
教室活動	基本的な知識がコミュニケーション活動につながるような活動	テーマや活動形態の自由度が高く、自発的な活動
教材	総合的な教科書中心	テーマ別教材あるいは生教材

3 ここがポイント！

> まず、実際のレベルを知るため、学習者の話す様子や内容、またその変化に注目しましょう。その観察を元に、中級らしい教え方に絞るか、あるいは、復習も兼ねて初級的な要素も適宜入れるか、考えてみましょう。

08 中級でも初級文型を教える方法で教えていいでしょうか。

> **コラム** 学習者の日本語能力を測るための試験

学習者の日本語能力を測るための試験には、次のようなものがあります。

日本語能力試験（JLPT）

　日本語を母語としない人の日本語能力を測定、認定する試験です。日本国内と海外で年2回（7月、12月、海外は年1回のところもあり）で実施されています。課題遂行のための言語コミュニケーション能力を、言語知識、読解、聴解の3要素で測ります。レベルは難度の高いほうからN1〜N5の5段階にわかれています。

　公式の基準の各基準に「初級」や「中級」の名称は付いていませんが、公開されている認定基準から、次のような対応になると考えられます。

レベル	認定の目安	
N1	論理的に複雑な文章や抽象度の高い文章等幅広い場面の日本語を理解できる	上級
N2	記事や評論など幅広い場面の日本語をある程度理解できる	中級修了
N3	日常的な場面の日本語をある程度理解できる	中級
N4	基本的な日本語を理解できる	初級後半修了
N5	基本的な日本語をある程度理解できる	初級前半修了

参考：日本語能力試験 公式ウェブサイト
http://www.jlpt.jp/

日本留学試験（EJU）

　日本の大学（主に学部）に、外国人留学として入学を希望する人を対象に、日本の大学で必要とされる日本語力（アカデミック・ジャパニーズ）および基礎学力の評価をすることを目的に実施されている試験です。2002年から年に2回（6月・11月）、行われています。日本語の科目は、記述、読解、聴解・聴読解の3領域があります。結果は合否ではなく、点数で表されます。

科目	問われる能力	出題される課題
記述	与えられた課題の指示に従い、自分自身の考えを、根拠を挙げて筋道立てて書く能力	・提示された一つまたは複数の考え方について、自分の意見を論じる ・ある問題について現状を説明し、将来の予想や解決方法について論じる
読解、聴解、聴読解	文章や談話音声等による情報を理解し、それらの情報の関係を把握し、また理解した情報を活用して論理的に妥当な解釈を導く能力	【読解】説明文／論説文／大学などでの勉学・生活にかかわる実務的・実用的な文書や文章　等 【聴解、聴読解】講義、講演・演習や調査活動に関わる発表、質疑応答、意見交換／学習上または生活上の相談、指導、助言／実務的・実用的な談話　等

参考：独立行政法人日本学生支援機構「日本留学試験（EJU）」公式ウェブサイト
http://www.jasso.go.jp/eju/index.html

BJTビジネス日本語能力テスト（BJT）

　日本語によるビジネス・コミュニケーション能力を測定する試験です。科目は「聴解部門」「聴読解部門」「読解部門」の3つ。点数は0～800点で採点されますが、結果は合否ではなく、点数で表されます。点数によって6段階のレベルが設定されています。

点数	レベル	説明
600～800点	J1+	どのようなビジネス場面でも、日本語による十分なコミュニケーション能力がある
530～599点	J1	幅広いビジネス場面で、日本語による適切なコミュニケーション能力がある
420～529点	J2	限られたビジネス場面で、日本語による適切なコミュニケーション能力がある
320～419点	J3	限られたビジネス場面で、日本語によるある程度のコミュニケーション能力がある
200～319点	J4	限られたビジネス場面で、日本語による最低限のコミュニケーション能力がある
0～199点	J5	日本語によるビジネス・コミュニケーション能力はほとんどない

参考：公益財団法人日本漢字検定協会「BJTビジネス日本語能力テスト」公式ウェブサイト
http://www.kanken.or.jp/bjt/

09 作文の授業①

母語 すべての言語　**レベル** 初級〜中級　**クラス規模** 10人程度

「マニュアル通りに作文の授業をしても書けない学習者がいます。」

作文の授業を担当しています。毎回決められたテーマに沿って作文を書きますが、じーっと考え込んで、なかなか書き始めない学習者がいます。授業時間内には書き終えますが、量が少ない上に、内容も浅いことがほとんどです。せっかく教室で学んでいるので、もっと有意義な作文授業にしたいと思いますが、そのやり方がわかりません。

1 ココに注目！

- ☐ 学習者が書けない理由はいくつかあります。考えられる理由を挙げてみましょう。
- ☐ 書く前に、いつもどのような作業をしていますか。

2 解決法

学習者が書けない理由として、以下のようなことが考えられます。

> **Point**
> ① テーマが合わない／難しすぎる
> ② 書く内容がない
> ③ 表現がわからない
> ④ 書く内容はあるが、何から書いたらいいかわからない

①の「テーマが合わない／難しすぎる」という場合には、そのクラスや学習者にとってどのようなテーマが適当かを検討し直す必要があります。②〜④に関しては、書く前に内容について話し合ったり、表現や構成を学んだりすることで解決できます。

書くための準備をする

テーマだけ与えられて「はい、では書いてください」と言われても、何を書いたらいいか戸惑う学習者もいるでしょう。まずは書くための準備を行いましょう。

準備1　書く前にプレタスクを行う

テーマを与えたら、それに関連することを学習者同士で話したり、資料を見たりする等のタスクをしてみましょう。それまで全くアイデアがなかった人でも、クラスメートの話を聞いたり、資料を見たりすることで、書く内容が頭に浮かんできます。また、書く前に話す時間

を設ければ、自分が書きたいことも見えてくるでしょう。

例 プレタスク　テーマ「私の国の伝統文化」
- 「伝統文化」から連想すること（言葉）を書き出す。
- 書き出したものについてペアで話す。
- 日本の伝統文化に関連する写真や映像を見て、自分の国と比較する。

準備2　必要となる語彙や表現を学ぶ

書きたいことが固まってきたら、次に作文で使う語彙や表現を学びます。個々の書く内容は違うので、それぞれ必要となる語彙や表現は多少異なりますが、クラス全体であらかじめ学んでおいた方がいいものを取り上げます。

例 表現　テーマ「私の将来」
- 私は、(動詞・辞書形) つもりです。　　例：私は医者になるつもりです。
- (動詞・意向形) と思っています。　　例：大学院で勉強しようと思っています。
- 〜かもしれません。　　例：国へ帰らないかもしれません。

準備3　構成を学ぶ

書きたいことがあっても、何をどういう順序で書いていいかがわからないという学習者もいます。また、書いてはみたものの、自分の考えをただ羅列しただけという人もいます。作文を書く前に、構成についてクラス全体で確認しておくといいでしょう。「何を」「どの順番で」書くのかを考えて、まずはメモを作ってから書き始めます。初級であればどこに何を書くかが明示されているシート（→p.85）を配布して、そこに書き込むようにすると書きやすいようです。

作文の授業＝「書く」だけの授業というわけではありません。書く前に話したり、聞いたり、読んだり…というタスクを取り入れてみましょう。教室で作文を書くのですから「テーマを与えて、ただ書く」というだけはなく、学習者が「書ける」ように教師はサポートしていけるといいですね。

3 ここがポイント！

> 作文を書き始める前に、書くための準備をしてみましょう。「プレタスクをする」「必要となる語彙や表現を学ぶ」「構成を学ぶ」等の活動を行うと、学習者も作文が書きやすくなります。

2章　科目別、ココで困った！　作文の授業①

10 作文の授業②

母語 すべての言語　レベル 初級～中級　クラス規模 不問

「作文のテーマの決め方がわかりません。」

週に1回、初級の作文授業を担当しています。前回は「私の夢」というテーマで作文を書きましたが、なかなか筆が進まない学習者がいました。自分のことについて書けばいいのでもっとすらすら書けると思っていたのですが、テーマが少し難しかったのでしょうか。テーマを選ぶ際に気を付けた方がいいポイント等あったら教えてください。

1 ココに注目！

- ☐ 作文を書かせる目的は何か、しっかり決めてありましたか。
- ☐ あなたがテーマを決める際に、気を付けていることは何ですか。

2 解決法

日本語の作文授業には、次のような目的が考えられます。

① 学習項目（文型や表現、語彙）を使えるようにするため
② 自分の言いたいことを日本語でアウトプットするため
③ 書くことによって自分の考えを深めるため

初級の場合は、①の目的で行われることが多く、習った文型や語彙を復習し、書くことによって定着をはかります。一方、初級後半以降になると②と③の目的で行われることが多くなり、文型等に縛られることなく、自由度があるテーマが選ばれます。テーマの選び方は、何を目的にするかによって異なってきます。

学習項目を使えるようにするためのテーマの決め方：文型から決定する

文型や語彙を学習したあとに、**まとめとして作文を書くという授業では、学習した文型を使って書けそうなテーマを設定**します。

例　家族の名称／存在文「います」　➡　書けそうなテーマ「私のかぞく」
　　受身文　　　　　　　　　　　　➡　書けそうなテーマ「残念な一日」

学習したことを**文章にすることで、学習者は文型や語彙の使い方を確認することができます**し、教師も学習者の理解度や、運用力等知ることができます。ただ、使う文型が決まっているので、型にはまった文章になってしまうというデメリットがあります。そこで「前に勉強し

た文型や言葉も使ってみましょう」と促してみてはどうでしょうか。**その日に学んだ文型に限定することなく、既習文型や表現も用いれば、自由度が増し内容を深めることができます。**

例 テーマ「私のかぞく」（存在文「います」）

【学習したばかりの文型のみの場合】
私のかぞくは5人です。
父と母と妹がふたりいます。
ねこもいます。3びきいます。

→

【既習の形容詞も使った場合】
私のかぞくは5人です。
父と母と妹がふたりいます。
父は、とてもおもしろい人です。母は、やさしいです。
ふたりの妹は、とてもにぎやかです。
ねこもいます。3びきいます。
なまえは、リリとルルとロロです。ちいさくて、とてもかわいいです。
私のうちは、にぎやかで、たのしいです。

アウトプットする／考えを深めるためのテーマの決め方：学習目標やニーズから決定する

前述の「学習項目を使えるようにするため」の作文授業と異なる点は、**文型に縛られずにテーマを決められること**、さらに**書きながら必要となる文型や表現、語彙を学んでいくこと**です。テーマ選びに自由度があり、学習目標やニーズに合わせてテーマを設定できます。ただし、毎回同じようなテーマに偏らないように気を付けましょう。

テーマを決める際のポイントは、学習者が興味を持ちやすいものであること、さらに、個人的・具体的なものから、社会的・抽象的なものへ広げていくといいでしょう。

ポイント1 学習者が興味を持ちやすいテーマで、幅を持たせて設定しよう

おもしろいと感じるものは人によって異なります。下記の例のように、**テーマを設定する際には少し幅を持たせる**といいかもしれません。

例 テーマ「私の好きな本」 ── あまり本を読まない学習者にとっては書きにくい

↓

どの学習者にも書きやすいものを

↓

テーマ「私の好きな○○」 ── 大枠のテーマは教師が与え、小さなテーマは学習者が選ぶ

10 作文のテーマの決め方がわかりません。

ポイント2 より社会的、抽象的なテーマの場合はプレタスクを

　初級の場合、自分に身近なこと、具体的なことについて作文を書くことが多いでしょう。しかし、レベルが上がるにつれ、より社会的、抽象的なテーマを選んでいきます。

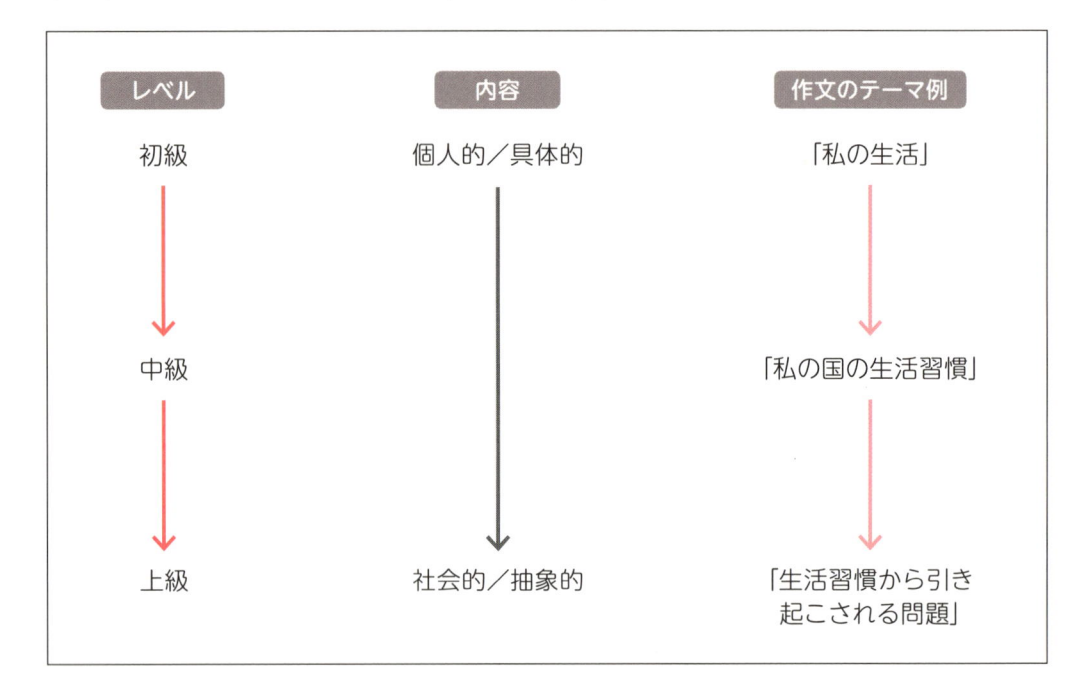

レベル	内容	作文のテーマ例
初級	個人的／具体的	「私の生活」
↓		↓
中級		「私の国の生活習慣」
↓	↓	↓
上級	社会的／抽象的	「生活習慣から引き起こされる問題」

　テーマが社会的・抽象的になれば、学習者はテーマに関する知識や考えがないため作文が書けないということも起こり得ます。そのようなときは、作文を書く前に、テーマに関連した資料を見たり、読んだり、話したりするプレタスクを行うといいでしょう。

3 ここがポイント！

> 学習者が興味を持てそうなことをテーマとして設定しますが、レベルが上がるにつれ、徐々にテーマのジャンルを広げていきます。学習者に身近ではないテーマの場合はプレタスクを十分に行いましょう。

作文の構成を考えるためのシート例

わたしのたいせつなもの

なまえ ＿＿＿＿＿＿＿＿

① たいせつなものは、何ですか。

② それはどんなものですか。

③ どうして それがたいせつですか。

④ たいせつなものについて、とくべつなエピソードがありますか。
（いつ？どこで？だれと？どんな？…）

⑤ クラスメートにつたえたいことは、何ですか。

2章　科目別、ココで困った！　作文の授業②

11 作文の授業③　母語 すべての言語　レベル 初級以上　クラス規模 不問

> 「学習者が作文の添削をあまり読んでいないようです。」

初級後半の作文のクラスで、既習項目を使って共通テーマについて作文を書き、宿題として週に1回提出させています。この作文に対して、誤字や文法等を添削して返却していますが、前回指摘した箇所を再び間違えている学習者が多く、添削をちゃんと読んでいるのか、心配になっています。学習者がきちんと読む添削のコツが知りたいです。

1 ココに注目！

- ☐ 学習者が添削を見て、何が書いてあるかすぐわかるような工夫をしていますか。
- ☐ 学習者同士で添削をしたりコメントしたりする時間を作ってみたことがありますか。

2 解決法

学習者の印象に残りやすく、わかりやすい添削の工夫をいろいろな面から試みます。

視覚的な工夫をする

まず添削の読みやすさについて点検してみましょう。

工夫例　添削されているところが一目でわかる

例えば、次のようにしてみます。

- 間違いには文字の上に線を引く、脱字は赤色で正しい位置に書き入れる等、書き方を一定にしておく。
- 説明は斜体、間違いの訂正は赤色というように内容によって書体やペンの色を変える。

添削例　Web上での添削例

> 言語を学ぶことは私のしゅみです。日本語はとてもむずかしい けれど だが、ちょうせんしたいと思います。これから、日本語を習いながら、豊富的な文化を学習 しつづけ きます。
>
> 　　　　　　　　　　　【V.masu-form します ＋ つづけます】
> 　　　　　　　　　例）一日中、レポートを書きつづけました。
> 　　　　　　　　　　　 いちにちじゅう

86

特に考えてもらいたい箇所には考えるヒントを書いておく

　間違った箇所に教師がその答えを書くのが一般的な添削ですが、そればかりだと、学習者は答えを受け取るだけで、自分で考える余地がないままです。特にしっかり考えてほしい箇所や覚えてほしい文法項目がある場合は、あえて答えではなく考えるヒントを書いてみましょう。

　さらに時間があれば、訂正した箇所を再提出させて理解を確認したり、授業中に答え合わせをして確認したりするとより確実でしょう。

添削例　「(名詞節) のは (名詞節) ことだ。」の復習を促す

> 日本でおもしろいと思ったのは、たくさんの人がラーメン屋に並んでる。　→ ?

学習者同士で添削しあったりコメントし合ったりする時間を作る

　学習者同士で作文を読み合い、わからなかった文章をチェックし、適切な文章をいっしょに考えるという活動も印象に残ります。1人で考えていると読み手にとって読みやすいかどうかがわからないため、ひとりよがりの文章になりがちですが、学習者同士で文章の意味と表現を確認しながら推敲することで、自分の言いたいことと表現の関係を慎重に点検することができます。ペアでもグループでも実施できる活動です。

添削例　Aさんの書いた「日本に来た前に、京都に行きたいと思っている。」という文をグループで添削する

この文のわかりにくい点は「いつ、京都に行きたいと思っているか」というところです。そこで、まず、書いた本人に「いつ、京都に行きたいと思っているか」を確認します。次に、学習者同士で知恵を出し合いながら、書いた本人の意図に沿う文に書き換えます。

3 ここがポイント！

> まず、何を指摘しているのかわかりやすい書き方を工夫してみましょう。そして、答えをすぐに与えず考えさせる添削をしたり、時には隣の人と作文を交換して読み合い、わかりにくいところ、間違った文法等について学習者自身に修正させるような活動も取り入れてみてください。

12 作文の授業④ 母語 すべての言語　レベル 中級以上　クラス規模 不問

「内容優先か正確さ優先か…。作文の評価が難しいです。」

中級の作文のクラスで、毎回決められたテーマについてグループで話し合い、そのあと自分の意見を作文（レポート）に書いて提出します。この作文は最終成績を決める項目の1つなので評価（点数化）をするのですが、初級文型の間違いが多かったり、誤字は少ないけれども意見に説得力がなかったりと、いろいろなタイプの学習者がいます。このような場合、評価基準をどう考えたらいいでしょうか。

1 ココに注目！

- ☐ 担当しているクラスの学習目標（到達点）は明確になっていますか。その到達度をどのような項目（例：文法の正確さ、語彙の多様さ、論理展開）で測る予定ですか。
- ☐ 1つ1つの作文だけでなく、授業期間中の作文スキルの上達や学習目標の達成等、学習のプロセスに対する評価を検討してみたことはありますか。

2 解決法

学習目標（到達点）とそれを測る評価観点を明確にする

　中級の場合、学習者の日本語能力にばらつきがあるため、その授業期間の学習目標（到達点）をどのくらい達成できたか、**個々人の学習に対して絶対的に評価する**のが妥当でしょう。意見文の場合であれば、意見文の**どのような観点を評価対象とするか**事前に決め、学習目標を伝えるのと同時に評価項目と点数化の仕方を学習者に説明する必要があります。評価項目は例えば次のようなものがあります。

評価例 あるテーマについて討論し意見文を書く場合

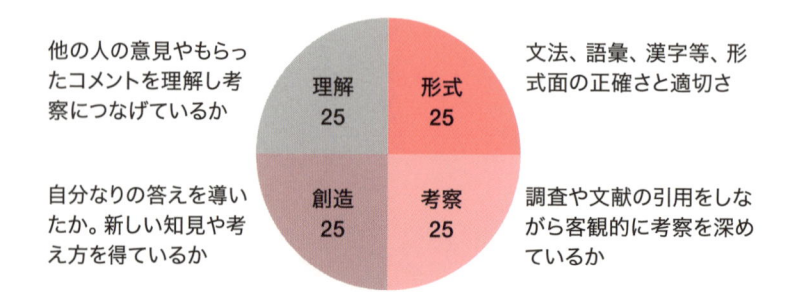

項目	点数	内容
理解	25	他の人の意見やもらったコメントを理解し考察につなげているか
形式	25	文法、語彙、漢字等、形式面の正確さと適切さ
創造	25	自分なりの答えを導いたか。新しい知見や考え方を得ているか
考察	25	調査や文献の引用をしながら客観的に考察を深めているか

学習のプロセスを評価する考え方も取り入れてみよう

　調査を伴うような作文（レポート）を作成するなら、作文だけで最終成績を決めるのではなく、調査も含めた**学習プロセスを評価する**という評価方法もあるでしょう。

　日本語教育では「ポートフォリオ学習*」や「ピア・リーディング**」等で学習プロセスにおける評価が実践されています。ポートフォリオ学習は特に総合的な活動に取り入れられることの多い評価方法です。まず前述のように評価の観点を決め、下記のような3種類の必要な提出物（ポートフォリオ）を順にファイリングして評価し、最終成績はこの3つの評価を合わせて決定します。

評価例　調査を伴う作文（レポート）を含む全12回の総合学習の場合

1回	テーマの説明と全体討論、グループ分け
2～3回	グループでの討論 毎回グループで討議したことと考えたことについてレポートを書いて提出する—①
4～6回	グループで調査 毎回調査内容についてレポートを書いて提出する—②
7～9回	調査結果の整理とまとめ、発表準備
10～11回	グループの発表とクラス討論
12回	全体で討議、振り返り テーマ、調査方法、調査結果、考察を最終レポートに各自書いて提出する—③

評価対象となる提出物（ポートフォリオ）
- グループ討議の記録と考察のレポート（①に対応）
- 調査内容と調査結果の報告レポート（②に対応）
- 最終レポート（③に対応）

参考：池田玲子・舘岡洋子（2007）『ピア・ラーニング入門　創造的な学びのデザインのために』ひつじ書房

＊　ポートフォリオ学習：紙ばさみ（portfolio）に入れるように、ある期間の学習成果を1つにファイルし、そこから見える学習過程を評価対象とする学習方法。
＊＊　ピア・リーディング：1つのテキストを学習仲間（peer）といっしょに読みながら言葉を確認したり内容について質問し合ったりする学習方法。

3 ここがポイント！

> 学習者の日本語のレベルが一定でない場合は、絶対評価で評価を行った方がよいでしょう。学習目的に合わせて評価基準を決めたら、1つ1つ評価するか、複数の提出物を関連付けて評価するか考えてみましょう。

13 発音の授業① 母語 すべての言語　レベル 不問　クラス規模 10人程度

「発音」だけで1コマ教えることになりました…。

「発音」というクラスを担当することになりました。私にとって発音指導のイメージは、教師が単語や文を読んで学習者がリピートし、発音やイントネーションを確認、矯正するというものです。しかし、それだけで1コマは持ちません。効果的で、学習者が主体的に取り組めるアイデアがあれば教えてください。

1 ココに注目！

- ☐ これまでの発音指導では、どのようなことを行いましたか。振り返ってみましょう（例：教師についてリピートする、アクセントの聞き取り）。
- ☐ 学習者がどのような発音を苦手にしているか、把握していますか。

2 解決法

発音と言うと、音声を発して言ってみるというイメージがあるかもしれませんが、「正しく音を聞く」ことも発音の授業で行います。音を正しく聞くことができなければ、正しく発音をすることもできません。まずは「音を聞く」ことから始めてみましょう。

練習は「聞く」から「言う」へ

発音授業では、例えば、拍、アクセント、撥音、促音、長音、清音と濁音、イントネーション等を学習しますが、基本的にはどれも以下のような流れで進めていくことができます。

```
聞く   教師が発音して聞かせる
         ↓
       学習者が聞き分けられるかをチェックする（→p.98）
 ↓
言う   学習者は教師に続いて言ってみる
```

この進め方に加え、項目別に次のような練習やタスクが考えられます。

タスク例1 拍の感覚をつかむ（→p.93）

- 手を叩きながら拍の感覚を身に付ける。
- 俳句や川柳、標語等を読んで、日本語のリズムを学ぶ。
- 曜日や数字をリズムをとりながら読む。

例　月（げつ）　火（か）　水（すい）　木（もく）　金（きん）　土（どー）　日（にち）
　　電話番号　５（ごー）　５（ごー）　３（さん）　６（ろく）　－（のー）　２（にー）　２（にー）　１（いち）　２（にー）

タスク例2 アクセントの感覚をつかむ

- アクセントに注意して文の意味を考えてみる。
    - 例　わたしは、あ￣めがすきです。
    　　　わたしは、あ￣め￣がすきです。
- アクセントのパターンを示し、選ぶ。
    - 例　下の言葉のアクセントは、a、bどちらのパターンでしょう。
        2拍の言葉　　　　a ○￣○　　　b ○○￣

雨（あめ）　上（うえ）　夏（なつ）　辞書（じしょ）

イントネーションはシャドーイングで身に付ける

音声を聞いたあとに、それに続いて即座に同じ文を言う練習法をシャドーイング(shadowing)といいます。この方法は、同時通訳の訓練にも用いられ、**発音やイントネーション**だけでなく、「聞いてすぐに言う」ことから**リスニングやスピーキング能力の改善**にも効果があるとされています。

シャドーイングは、リピートとは異なり、シャドー（影）のようにモデルの音声にかぶせるように同じことを言っていきます。最初のうちは、なかなか音声についていけないかもしれませんが、根気よく続けているうちに慣れて効果があらわれてきます。発音のクラスに限らず、日本語の授業の最初の5分をシャドーイングにあてられれば、さらに効果も出てきます。音声があればどこでもできるものなので、学習者の自律学習にも役立ちます。

学習者の気付きを大切に、自己モニター能力を高められる授業を

発音の練習法には様々なものがありますが、ただ闇雲にリピートさせ、正しく言えるまで矯正するというだけでなく、**学習者が自身の発音について意識し、振り返ることができる自己モニター能力を身に付けられるよう、教師はサポート**していきます。正しい発音を身に付けるには、学習者自身の気付きや自覚が欠かせません。

具体例 韓国人学習者が苦手とする発音への取り組み

- **聞き分ける練習**：教師はモデル音声（A：どうぞ／B：どうじょ）を聞かせてから、AかBの音を示す。正しく聞けた学習者は2つの音の聞こえ方の違いについて話す。
    - 例　「ぞ」は音が止まる感じに聞こえるが、「じょ」は流れる感じ

13 「発音」だけで１コマ教えることになりました…。

- **言い分ける練習**：学習者はＡかＢの音を言い、Ａ、Ｂどちらの音を言ったのか札をあげる。正しく言えた学習者は２つの音の言い方の違いについて話す。
  - 例 「ぞ」は口を小さく丸くして言ってみる

　学習者同士が聞こえ方の独自の基準や発音の仕方を示し、クラスでシェアします。このような取り組みを続けていくことで、学習者の発音に対する意識が変わってくるでしょう。

　発音の授業では、拍感覚と清濁音を正しく自然に発音できるように詩を読んだり、早口言葉を紹介したりすることもあります。「ひとまとまりの文をきれいに読む」ことを目標として朗読の発表会をしてもいいですね。互いの成果を聞き合うことは大きな刺激にもなります。

参考：斎藤仁志、吉本惠子、深澤道子、小野田知子、酒井理恵子 (2006)『シャドーイング　日本語を話そう　初〜中級編』くろしお出版

3 ここがポイント！

> 正しく発音するには、まず「聞ける」ことが大切です。発音練習は基本的に「音を聞く→音を言う」という流れで行います。イントネーションの練習にはシャドーイングという方法が効果的です。

コラム　日本語らしい発音とは？

日本語のアクセントやリズムを意識して発音すると自然な発音に聞こえるようになります。

共通語における日本語のアクセントの特徴
日本語（共通語）には、次のようなアクセントの特徴があります。

・高低アクセントである。
・1拍目と2拍目の高さが違う。
・1つの単語の中では、音は一度下がったらもう上がらない。

つまり、アクセントの山が1つ＝1単語であり、山が2つ＝1単語ではないということになる。

　例　名古屋大学（なごやだいがく）　名古屋の大学（なごやのだいがく）

日本語のリズムとフット
日本語では2拍がいつも一緒になってリズムを形成すると言われている。この単位をフット（foot）と言う。特に「○ー（長音）」「○＋母音」「○ッ（促音）」「○ン（撥音）」は優先的にひとまとまりになる。

　例　長音　大きい（おお／きい）　お母さん（お／かあ／さん）
　　　促音　学校（がっ／こう）　切手（きっ／て）
　　　撥音　こんにちは（こん／にち／は）　店員（てん／いん）

曜日や電話番号の言い方で、「火」が「か」ではなく「かー」、「土」が「ど」ではなく「どー」となるのも、2拍を1フットに整えようという意識が働くためである。

　例　曜日の言い方　月　火　水　木　金　土　日
　　　　　　　　　　げつ　かー　すい　もく　きん　どー　にち
　　　　　　　　　　月　水　金
　　　　　　　　　　げつ　すい　きん
　　　数字の言い方　5　5　3　6　－　2　2　1　2　（電話番号）
　　　　　　　　　　ごー　ごー　さん　ろく　　　にー　にー　いち　にー
　　　　　　　　　　2、4、6、8、10
　　　　　　　　　　にー　しー　ろー　やー　とー

14 発音の授業②

母語 すべての言語　レベル 中級以上　クラス規模 10人以上

「読解の授業中に発音を訂正してもいいのでしょうか。」

中級の読解クラスを受け持っています。学習者Aさんは積極的で、授業中よく発言するのですが、発音に母語干渉が強く、話がよくわからないことがあります。中級なので話も入り組んできており、いちいち話を止めて訂正することもできないのですが、Aさんに発音のミスを指摘した方がいいでしょうか。

1 ココに注目！

- ☐ 学習者は発音、アクセント、イントネーションについて自覚しているようですか。
- ☐ 話がわからないときに、わからないということを教師から学習者に伝えていますか。

2 解決法

　中級は話したい内容も多く、構文も複雑になり、各自の話し方も少しずつ固定してくる時期です。小さな間違いについては見逃されることも多くなることから、意外に発音のミスに気付きにくくなる時期とも言えます。

まずは発音の重要さへの自覚を促す

　学習者自身の発音への関心が低く、気付きも見られない場合は、直接間違っている部分だけを訂正する以前に、**発音が意味の伝達にとって重要なのだという自覚を促す**ステップを作ることをお勧めします。

　例えば、授業で、発言した人の話の中にわからないことがあった時、教師や学習者同士が不明点を質問し、もう一度説明してもらうことがあると思います。こうした**言い換えや補足説明**は、読解や意見の内容を深めるのはもちろんですが、時には発音への自覚を促すチャンスにもなります。

| 対応例 | 「長音」への意識が低いと思われる学習者と確認のやりとりをする場合 |

学習者：	日本のここにせふくがあるからびっくりしました。
教師：	えっと？『ここに』なにがあるんですか？
学習者：	ここにせふく、あのー、えっとー、同じふく？
教師：	ああ、「せいふく」ですね？
学習者：	せふく？
教師：	せ・い・ふ・く。せいふく。
学習者：	ああ、せいふく。
教師：	はい。「ここ」はどこですか？
学習者：	ここ、がっこうです。
教師：	「こうこう」？
学習者：	あー、「こうこう」

学習者自身に「ここを特に修正したい」という目標を持たせる

　自覚が出てきたら、次に、その人なりの目標を持ったほうが学習が進みます。例えば、長音や促音の発音を意識してなかったという自覚ができれば、学習者自身で今後発表のときに、この2つの発音は気を付けて話すという目標を立てることが可能になります。

| 対応例 | 発表原稿の中の長音と促音に下線を引いて、気を付けて読む練習をする |

自習の継続を支援する

　時間の余裕があるときに、短時間で簡単なトレーニングをして、自習の参考にしてもらうのもよいでしょう。

| 対応例1 | 発音を書いて見せて口頭で説明する |

　　がこう　　：3拍
　　がっこう　：4拍

| 対応例2 | 手で拍の数を数えながら（足をタップしながら）発音してみる練習 |

　授業中の時間がとれなければ、自覚と目標まで確認し、そのあとは下記のような日本語の発音の自習本を利用してもよいでしょう。

参考：戸田貴子他 (2012)『シャドーイングで日本語発音レッスン』スリーエーネットワーク

3 ここがポイント！

　Aさんが自分の発音のミスに気付いていないようであれば、間違っている音だけを訂正するのではなく、まず意味がわからないときははっきりとそれを伝え、発音が原因で話が伝わらないことがあるという自覚を促し、その後継続した自習を勧めるという段階を踏むとよいでしょう。

15 発音の授業③ 母語 すべての言語 レベル 不問 クラス規模 不問

「発音の評価の仕方がわかりません。」

今度、発音のテストを作ることになりました。会話テストのように話してもらい、その会話の中の発音をチェックしようかと思っていますが、客観的に発音の力を測るには、どのようなテストを行ったらいいのでしょうか。また、評価の方法についても知りたいです。

1 ココに注目！

- ☐ 発音のテストでは、「発音する」以外にも「聞く／聞き分ける」テストも行います。撥音、促音、長音、清音と濁音、アクセントの型等の「聞く／聞き分ける」力は、どうやって聞き取れているかを確認していますか。
- ☐ 発音の成績を付けるとき、客観的な点数を付けるためにどんなポイントに気を付けたらよいと思いますか。

2 解決法

発音の授業では、まず音声を「聞く」ことから始め、それから「発音する」練習を行います（→p.90）。したがって、発音のテストや評価にも**「発音する」という項目だけでなく「聞く／聞き分ける」**という項目も含まれます。

「聞く／聞き分ける」力を問う

授業内で普段から次のような形式の練習を行いましょう。そうすれば、テストのときに聞き取ることに集中できます。

対応策1　ミニマル・ペアを使う

教師がペアの一方の単語（または文）を読み、学習者はどちらの単語（または文）だったか、正解に○を付けます。撥音、促音、長音、拗音、清音と濁音、アクセントの型等の聞き分けに用いることができます（→p.98）。

対応策2　聞いたことを書き込む

例えば、促音の含まれる単語かどうかを聞き取り、促音があれば「っ」を書き込んだり、清音と濁音を聞き分け、文字に「゛」を書き込む等のテストを行います（→p.98）。

「発音する」力を問う

　聞き取りテストはクラスで一斉にできますが、発音のテストは1人ずつしなければならないため時間がかかります。そこで、テストの方法として、教師の前で発音する他に、録音したものを提出する方法もあります。教師の前で発音するときにも、録音をしておくと、評価やフィードバックをする際に便利です。

具体例1　発音のテストの場合
　信頼性の高いテストを行うためには、**採点の対象を1つの音にする**ことです。

例　教師の言った通りにリピートするテスト
　単語、文、いずれの場合でも、採点の対象は1つの音とする。
　　教師：きってをください。　（採点の対象は促音の「きって」）

具体例2　アクセントのテストの場合
　話すスピードや流暢さなどは除外し、アクセントの面だけを採点の対象とします。

例　読み物を声に出して読むテスト
　課題となる文章は、授業で読んだことがあるもの、または既習の単語や文型で書かれているものにする。

具体例3　イントネーションのテストの場合
　教師の言うことをリピートしたり、口頭で質疑応答をしたりする等のテストが考えられます。何かを読むテストもありますが、読むときは話すときと違い、不自然なイントネーションになりやすいので、イントネーションを測るにはあまり効果的とは言えません。

例　口頭で質問に答えるテスト
　学習者は質問に答えることに気をとられているので、学習者の習慣化したイントネーションを測ることができる。

今後の学習につながる評価を

　評価は教師だけがするものではなく、**自己評価、クラスメートからの評価等、学習者からの評価があってもいい**と思います。録音したものがあれば、学習者自身に聞いてもらい、それをもとに自己評価を行います。「よくできたと思うところ」「難しかったところ」等のコメントを書いて提出してもらい、教師も同じようにコメントをして返します。発音がうまい、下手ではなく、**自分の発音を聞いて何かに「気付く」ことが今後の学習につながっていきます。**

3 ここがポイント！

> 発音テストには、単語の音を聞き分ける等の聞き取りテストと、個々の発音、アクセント、イントネーション等をみるテストがあります。成績を付ける際は、課題への取り組み等も考慮しましょう。

15 発音の評価の仕方がわかりません。

学習者が音を聞き分けられているかどうかのチェック法

長音

> 例　教師：よやく。
>
> 解答用紙
>
> 【もんだい】aですか。bですか。
> 1　a （よやく）　・　b ようやく
> 2　a かめ　　・　b かめい
> 3　a くろ　　・　b くろう

促音

> 例　教師：1 きって。　2 かこ。…
>
> 解答用紙
>
> 【もんだい】（　）に「っ」か「×」をかいてください。
> 1　き（ っ ）て
> 2　か（ × ）こ
> 3　さ（　　）か

撥音

> 例　教師：1 はんこ。　2 さい。…
>
> 解答用紙
>
> 【もんだい】aですか。bですか。
> 1　a はこ　　・　b はんこ
> 2　a さい　　・　b サイン
> 3　a しあい　・　b しんあい

清音と濁音

例 教師：1 がか。　2 ぎんか。…

解答用紙

【もんだい】「゛」をかいてください。
1　かか
2　きんか
3　こうかい

アクセント

例 教師：1. にほん。　2 さとう。

解答用紙

【もんだい】aですか。bですか。
1　a にほん　　・　　b にほん
2　a さとう　　・　　b さとう
3　a せんせい　・　　b せんせい

拍

例 教師が単語を言っていき、学習者はそれが何拍の言葉か、数字を指で示す（または書いて示す）。

解答用紙

教師：　とけい。
学習者：（指で3と示した人が正解）。

正解を示した後に、全員で手を叩きながら単語を言い、拍を確認する。

2章　科目別、ココで困った！　発音の授業③

16 日常会話の授業①

母語 すべての言語　**レベル** 初級　**クラス規模** 不問

「テキストの会話はこなせても実際の会話力につながりません。」

初級教材の会話はこなせても、実際の会話力になかなか結び付きません。今、授業では主に「文型と新出語彙の確認→モデル会話の内容の理解→発音の確認→ペアで口頭練習して発表」という流れで練習を行っています。時間があるときは固有名詞や場面を身近なものに入れ替えて会話を作るという工夫をしていますが、他に配慮すべき点があるでしょうか。

1 ココに注目！

- ☐ 改めて教材のモデル会話と実際の会話の違いを挙げてみましょう。
- ☐ 外国語学習者の会話によく見られる行動があります。どんなものだと思いますか。

2 解決法

教材のモデル会話と実際の会話では、例えば、次のような違いがあると考えられます。

	文法や表現の違い	場面の違い	展開の違い
モデル会話	基本的な文法、表現	架空の設定	完成されている展開
実際の会話	話し言葉や省略等	身近で個人的な場面	先が見えない展開

実際の会話の要素を取り入れる

　実際の会話力を付けることを目的としたら、会話の特徴を練習に取り込む必要が出てきます。「場面（話す場所、状況、人間関係）」を身近なものに置き換えて応用練習をするのはもちろんのこと、会話の特徴である言葉の省略や話し言葉、先の見えない展開を取り入れることも授業の条件が許す限り試してみましょう。

　文法や語彙については、例えば、以下のような応用練習が考えられます。

> **具体例**　実際の会話の要素を取り入れた練習
- 学習者がモデル会話を話し言葉に書き換えて、それをペアで会話練習する。
- 会話でよく使われ得る省略形（例：「～ている → てる」「～ですけれども → ～ですけど」）を作って話す練習をする。
- モデル会話の場面を変え、くだけた言い方と丁寧な言い方の2つの会話を作って違いを確認する。

先の見えない会話を調整する力を付ける

　外国語学習者のコミュニケーションにおいては、言葉を選んで考え込んだり、わからないときに相手に助けを求めたりといった、**会話を調整する行動（コミュニケーション・ストラテジー）**が見られることが研究でわかっています。初級教材の会話は文型が適切に使用された完成された会話なので、途中で「何を言うかわからない」という要素は通常入っていません。こうした要素も応用練習の段階で取り入れると、さらにリアルな会話に近付きます。

> **具体例**　コミュニケーション・ストラテジーの例
- **言い換え**：類似表現や説明等、他の表現に言い換えるストラテジー
  - 例 「この前、初めて、『足の温泉』に行ってみました」（「足湯」が出てこない）
- **母語使用**：わからなくなったら母語や直訳を使用するストラテジー
  - 例 「来週、business tripです」（「出張」がわからないので英語で言った）
- **援助要請**：わからない時に相手に助けを求めるストラテジー
  - 例 「Clothは日本語で何ですか」

初級では「話し慣れる」ことも学習の1つ

　初級段階では、そもそも話し慣れていないということが普段の会話につながらない原因になっていることもあります。会話にアクセント（例：さ↗かな）やイントネーション（例：そ↘うですか）の記号を付けて、読む練習をするのも必要です。

3 ここがポイント！

> 教材の場面を身近なものに変えて応用練習する以外にも、話し言葉に変えてみる練習をしたり、話し慣れるように発音の練習をしたり、場面だけ提示して学習者が自由に言葉を調べ合いながら会話を作る、といった工夫をしてみましょう。

17 日常会話の授業②　母語 すべての言語　レベル 中級　クラス規模 10人程度

「よいフィードバックとなる会話の評価方法が知りたいです。」

中級の授業では主にロールプレイで会話練習をしています。1つの項目が終わったら、確認の目的で、項目に沿ってペアで自由に会話を作り、クラス全体に向けて発表してもらっています。この会話をどう評価したらいいか、毎回、試行錯誤です。よりよいフィードバックになるような会話の評価方法を知りたいです。

1 ココに注目！

- ☐ 評価の観点を作り、事前に学習者全員に公開し、説明しましたか。
- ☐ クラスメート同士の評価を試してみたことがありますか。先生の評価と比べてどのような利点があると思いますか。

2 解決法

会話の評価の観点は、次のように大きく2つあると考えられています。

> **Point**
> 1．課題（その課で学習したこと）を理解し、達成したか。
> 2．会話能力を適切に使っていたか。

評価の観点は事前に公開、説明する

評価の観点は、会話の発表やテストの前に**学習者に公開し、説明をします**。そうすることで、学習者は自分自身の達成度を確認するものさしを持てるようになり、自律学習にも役立ちます。

例 「依頼する」の会話テストのチェックポイント（評価の観点）
1．課題を理解し、達成したか。

チェックポイント	例
場面（場所・人間関係）が明確だったか。	学校・先生と学生
場面に合った依頼表現を選択していたか。	「～ていただけませんか。」
会話の展開は適切だったか。	話しかけ→依頼→理由説明→依頼→感謝

2. 会話能力を適切に使っていたか。

チェックポイント	例
文法は正しく使えていたか。	初級文型の間違いがなかったか。
コミュニケーションを進めるストラテジーを適切な場所で使っていたか（→p.105）。	「あの（注意を喚起する）」 「ちょっと（和らげる）」 「〜んですが（和らげる）」
場面に合った話し方ができていたか。	全体的に「です・ます」を使っていたか。
非言語、間の取り方、話すスピード等は適切だったか。	相手の話をあいづちを打ちながら聞いていたか。

評価表は「採点」と「コメント（アドバイス）」に分ける

　評価表もできれば評価の観点を説明するときに配布し、目を通しておいてもらったほうが確実でしょう。評価表（→p.104）は、評価の観点・客観的な評価を書く採点部分と主観的な評価を記すコメント部分とを分けて配置し、客観と主観が混ざることを防ぎます。

教師だけでなく、クラスメート同士の評価を取り入れる

　クラスメート同士の評価も取り入れてみましょう。他の人の会話をよく聞き、考えることで評価の枠組みに慣れ、セルフチェックにつなげる目的もあります。発表（テスト）の前に評価表をクラス全体に配布します。発表（テスト）が終わったら、各自が書いた評価表を集め、発表者ごとに評価表をまとめ、教師が目を通し、記録したあとで、本人に評価表を渡すといいフィードバックになります。

3 ここがポイント！

まず評価の観点を決めましょう。それに基づいて評価表を作成したら、相互評価に向けてクラス全体に配布、説明する時間を取りましょう。この評価項目の説明は、自分自身の話し方をチェックする基礎にもなります。評価表は教師だけでなくクラスメートにも配布し、互いにチェックするようにするといろいろな視点からのアドバイスがたくさんもらえ、充実したフィードバックになるはずです。

17 よいフィードバックとなる会話の評価方法が知りたいです。

会話の評価シート

「依頼」の会話の評価シート　　　　　　　　名前：

評価するところ		✔	コメント
会話の展開	1 最初のあいさつ		
	2 依頼の説明		
	3 依頼する		
	4 答えを確認する		
	5 最後のあいさつ		
発音	聞きやすかったか		
話し方	なめらかか		
文法	正確か		

※アドバイス：

コラム　コミュニケーション能力

　第二言語習得研究の概念で、その場に適切な言語使用を選択する能力のことを、「コミュニケーション能力（Communicative competence）」といいます。これは会話能力の分析にとても役立つ概念なので、会話の評価に活用することができます。

1. **言語能力（grammatical competence）**
   言語構造、文法を理解し、駆使する能力
   - 例　「ご苦労さまです」という文を文法的に間違いなく正確に作れる。

2. **談話能力（discourse competence）**
   場面や状況に合わせてコミュニケーションを構築する能力
   - 例　「ご苦労さまです」が、苦労した人をなぐさめたり感謝したりする場面で使う言葉であることを知っている。

3. **方略的能力（strategic competence）**
   会話を切り出したり終わらせたり、途中で止まってしまったときに適切に対処したりできる能力
   - 例　「ご苦労さま」を言い出す典型的な場面（例：自分のために重い荷物を運んでもらった）理解している。

4. **社会言語能力（sociolinguistic competence）**
   その社会で慣習的な言葉やポライトネスなどを適切に使用できる能力
   - 例　「ご苦労さま」は、現代では一般的に、自分より年上の人や社会的な立場が上の人物に対して言うのは避ける傾向があることを知っている。目上の人に言う場合は感謝の表現（例：「ありがとうございました」）に柔軟に言い換えられる。

18 日常会話の授業③

母語 すべての言語　**レベル** 初級〜中級　**クラス規模** 10人程度

「会話の中に現れる誤用の訂正方法を知りたいです。」

会話練習やディスカッションではよく話せるようになってきました。ただ、「図書館に勉強します」等、助詞の間違いや語彙の使い分けのような小さな誤用が気になります。学習者の話を中断してしまうのは嫌なので、そのまま話させてしまうのですが、間違いを正すタイミングや方法があれば知りたいです。

1 ココに注目！

- ☐ 学習者の会話の中に現れる間違いには、どのようなものがありますか。
- ☐ 誤用の種類によって訂正のタイミングがあることを考えてみたことはありますか。

2 解決法

学習者の会話中に現れる誤用には、次のようなものが見られます。

Point

- **ちょっとした言い間違い**：理解はしているのに、つい間違えてしまったもの。
  - 例 来週、旅行へ行く<u>つもります</u>。（→○ 行くつもりです）
- **誤用の化石化**：外国語を学習している段階で、ある特定の言語項目やルールが誤って習得され、その誤用がそのまま定着してしまう現象。（「化石化」（fossilization）の他に最近では「定着化」（stabilization）という用語も使われる）。
  - 例 朝ご飯は<u>おいしいでした</u>。（→○ おいしかったです／「ナ形容詞」のルールを適用してしまった）
- **母語の影響によるもの**
  - 例 かばんは<u>上の机</u>です。（→○ 机の上／英語の on the table を適用してしまった）
- **教室での指導や練習方法が影響して現れた間違い**：クラス全体で同じような間違いが見られる場合はこの種類の間違いである可能性がある。個人的な誤用か、クラス全体で見られる誤用かで、訂正するタイミングが異なる。

間違った部分にフォーカスし、学習者に正しい言い方を考えさせる

誤用の訂正の仕方にはさまざまなものがあります。**既習項目であれば、教師がすぐに正しい言い方を与えてしまうのではなく、学習者に考えさせる**よう、気付きを促しましょう。

例　学習者：図書館に勉強しました。

○ 教師1：図書館に？（間違った部分を繰り返す）
　→ 誤用である部分を明確にして訂正すると効果的

× 教師2：図書館で勉強しました。（正しい言い方を示す）
　→ 自分の文のどこが違っていたのか、教師の示した文がなぜ正しいのかがわからないまま、繰り返すだけになってしまう

× 教師3：図書館に勉強しました？（繰り返す）
× 教師4：それは違います。（注意、否定する）
　→ どの部分が誤用なのかがわかりにくいため、指摘されても直せない可能性がある

× 教師5：動作をするときの場所は「で」ですよ。（説明する）
　→ 言葉による説明は、かえって学習者を混乱させる

効果的な訂正のタイミングはいつ？

誤用の種類によって訂正のタイミングは異なります。効果的な訂正のタイミングを考えてみましょう。

- **間違えた直後に訂正するのが効果的な場合**：その日の学習項目の誤用やちょっとした言い間違い → 間違えたらすぐに指摘し、直せば、学習者の記憶に残りやすい
- **長期的、継続的に訂正するのが効果的な場合**：化石化してしまったもの、母語の影響によって間違えたもの → 指摘してすぐに直るわけではないので、長期的に直していく
- **話し終わってから訂正するのが効果的な場合**：ディスカッションやスピーチのような、まとまりのある話の中の間違い → 話す内容に集中しているので、話し合いの後に訂正する
- **繰り返し出てくる間違い**：メモしておき話し合いのあとにメモを渡す、話しかけて間違えていたところについて話す、間違えていた部分についてメールで一人一人に送る
- **多くの学習者に見られた間違い**：クラスで共有しておくとよい表現は、全体に向けてフィードバックを行う
- **間違いではないが、話しているときの態度やあいづちの打ち方など、コミュニケーション上、気になった点**：全体に向けてのフィードバックのときに伝える

3 ここがポイント！

まとまりのある話をしているときには、話し終わってから訂正するといいでしょう。教師は話し合いの間、間違いをメモしておきます。その日の学習項目の誤用はその場で訂正しましょう。

19 スピーチ・ディスカッションの授業①

母語 すべての言語　**レベル** 不問　**クラス規模** 不問

「スピーチのテーマがなかなか決められないようです。」

学期末にクラスでスピーチコンテストをすることになりました。学習の総まとめとしてのスピーチなのでテーマは自由にしたのですが、みんななかなかテーマが決まりません。学習者がテーマを決めるために、教師はどのような指導を行ったらいいでしょうか。

1 ココに注目！

- ☐ 学習者がテーマを決めるのに、アドバイスをしたり、参考になるものを示したりしましたか。
- ☐ 自由にテーマを考えてもらう際に、どんなことに気を付けたらいいでしょうか。

2 解決法

　クラスのまとめとしてスピーチを行う場合、学習者に自由にテーマを考えてもらうことが多いようです。学習者の中には、母語でスピーチをすることに慣れている人もいるかもしれませんが、何を話していいかわからないと戸惑ってしまう人もいます。次のようにいろいろな角度からサポートしていきましょう。

過去のテーマやクラスメートのテーマを紹介する

　何かヒントになることを示すことで、だんだんテーマが見えてきます。初級であれば「日本でおもしろかったこと／びっくりしたこと」「私の好きな日本の○○」等、いくつか教師が**大きなテーマを提示すると、学習者もそこからテーマを絞っていきやすくなります**。

例 ヒントの示し方
- 以前のスピーチコンテストを録画した動画を見せる
- 以前のクラスで出ていたテーマを紹介する
- すでにテーマを決めたクラスメートにどんなことについて話すのかを紹介してもらう

話したいことを列挙してもらう

　なかなかテーマが思い付かないとき、興味があること、好きなこと等を、キーワードでいいので列挙してもらいます。その中から、スピーチとして他の人たちに聞いてもらいたいもの、伝えたいことがあるものを選んでみます。スピーチをするときは、必ず聞き手がいますから、

自分が話したいことに加え、聞き手に聞いてもらいたいことをテーマ選びのポイントにしてみるといいと思います。

学習者がテーマを選ぶときのポイント

テーマを学習者自身で決めるときは、次のような点を注意するよう指導しましょう。

ポイント1　話し手自身が関心を持てるテーマにする

実際に興味がないのに「こんなテーマは社会的で、スピーチに向いているんじゃないか」と考えテーマを決めると、ありきたりのものになってしまったり、その人自身のことが伝わってこないスピーチになってしまいます。**自身が関心を持ち、具体的な事実や体験**を話したり、またそこから**思ったこと、感じたこと**を話したりすると、聞き手にもそれは伝わります。

ポイント2　レベルに合ったものをテーマにする

あまりにも難しすぎるテーマを選んでしまい、原稿を書くのに苦労する人もいます。伝えたいことがあっても、それを伝えるための日本語が学習者のレベルに合わず、添削を重ねるうちに、結局教師が書いたような原稿になってしまうこともあります。そのような原稿は、スピーチとして仕上げるときに表現や語彙が難しすぎてなかなか覚えられない、口から出てこないということになりがちです。**自分の言葉で語れることをテーマにする**よう学習者に伝えておきましょう。

ポイント3　時間内に収まるようなテーマにする

話したいことがたくさんあって、テーマがなかなか絞れないという学習者が時々います。このような人の場合、テーマは決まるものの、その中にいろいろな話を盛り込みすぎて、結局何が言いたかったのかよくわからないスピーチになってしまうこともあります。**一番伝えたいこと、話したいことは何かを考え、テーマを決める**ように提案します。

スピーチをすることで、「自分は今、何に関心があるのか」「これまでどんな経験をしてきたのか」等、自分自身を振り返ったり、見つめ直したりするいい機会になります。皆が聞きたくなる、メッセージ性のあるスピーチになるといいですね。

3 ここがポイント！

> 過去のテーマを紹介したり、コンテストの動画を見せたりすると、学習者の参考になります。話したいことを書き出し、その中からみんなに聞いてほしいこと、伝えたいことはどれかを考えてもらいましょう。

20 スピーチ・ディスカッションの授業②

母語 すべての言語 レベル 中級以上 クラス規模 不問

「スピーチの評価がいつも「よくがんばりました」になってしまいます。」

スピーチを評価するのがいつも難しく感じます。結果的に全員「がんばりました」という評価になり、努力賞のような形になってしまいがちです。スピーチの客観的な評価方法が知りたいです。

1 ココに注目！

- □ スピーチの目的と内容は様々です。どのような目的の「スピーチ」があるか、挙げてみましょう。
- □ 評価の観点を「内容」と「話し方」に分けて考えてみたことはありますか。

2 解決法

　一般的に、一人の人があるまとまった内容を決まった時間内で一気に話すスタイルを「スピーチ」と言います。スピーチには一般的にいくつかの種類があり、それぞれ異なった目的があります。その目的によって評価の観点も変わります。

スピーチ活動の目的を明らかにしよう

　まず、自分が担当するスピーチ活動の目的を明らかにして、評価の観点を整理してみましょう。

スピーチの種類	目的	評価の観点
意見を述べる	聞き手に自分の意見を伝える。 例：学術的なスピーチ	聞き手に話し手の意見がよく伝わったか。
説明する	聞き手に情報を伝える。 例：自己紹介、物の紹介	聞き手に必要な情報がよく伝わったか。
祝いの挨拶	聞き手に祝いの気持ちを伝える。 例：入学式、結婚式の挨拶	聞き手にお祝いの気持ちが伝わったか。

内容と話し方の両面で評価しよう

そして、実際のスピーチについては、「内容」と「話し方」の両面から評価すると、ぼんやりしていた評価対象を形にすることができ、客観的に考えられるようになります。

意見を述べるスピーチの評価表の一例

	評価ポイント	評価
内容について	① 構成・展開 例：「第一に〜、第二に〜」「それから」「最後に」等を使ってわかりやすい構成になっているか。	A B C D
	② 意見の説得力 例：主張が明確だったか。そう考える理由や必要な情報を提示しているか。	A B C D
	③ 独自性 例：自分でよく調べたり考えたりしているか。引用や他の人の意見が多すぎないか。	A B C D
	④ 正確さ 例：文法や文の間違いが多すぎてわかりにくくなっていないか。	A B C D
話し方について	⑤ 聞きやすさ 例：声が小さすぎないか。話すスピードが早すぎないか。発音の間違いが多すぎないか。	A B C D
	⑥ 聞いている人とのコミュニケーション 例：聞いている人が理解しているか確認しながら話したか。友達言葉を使っていないか。	A B C D
	⑦ 意見や情報の見せ方 例：ハンドアウトやスライドはわかりやすいか（例：図や表などを使う。シンプルで見やすい）。	A B C D

3 ここがポイント！

まずスピーチの目的を明確にして評価の観点を決め、その上でさらに「内容」と「話し方」に分けて評価ポイントを整理しているうちに、客観的な評価が見えてくるはずです。そして、スピーチの準備をみんながんばったら、みんなに努力賞をあげたいですね！

21　スピーチ・ディスカッションの授業③

母語 すべての言語　**レベル** 中級以上　**クラス規模** 不問

「書く授業なのに口頭発表の準備に時間を取られすぎています。」

中級の文章作成の授業を担当しています。授業の目的は課題についてレポートを書くことですが、成果を確認するため、最後に口頭で発表する時間を作っています。しかし、レポートを書くだけでかなり時間がかかるのに、その上ハンドアウトやスライドを作成する等の口頭発表の準備に時間を取られすぎてしまいます。書く授業の口頭発表は負担が大きすぎないでしょうか。

1 ココに注目！

- □ 書いた作文を、もっと明確に、正確に、整理されたものにするためには、書く授業にどんな活動を入れると効果があると思いますか。
- □ 口頭発表の準備にも書く作業が含まれています。どんな作業があるでしょうか。

2 解決法

　文章作成の授業は、当然、書く技術の学習（例：レポートで使われる表現、語彙、構成等を学んで書く）が中心となります。しかし、学んだ表現や語彙を駆使してひたすら書くだけでは、書く技術の向上のためには十分とは言えません。文章をいろいろな視点から考え直してみること、他の人の意見をもらって書き直すこと、同じ情報をいろいろな形（文章、要約、図式等）で表現してみること、こうしたプロセスを経ることも、文章力を上げるためには必要なことだからです。

各技能を連携させることで学習効果を生み出す

　口頭発表は一見、話す技能のための活動に見えますが、口頭発表の準備の中には、いったん書いたレポートを口頭発表のために書き直したり、発表のための原稿を作ったり、説明のための図を起こすといった作業が含まれており、書く技能を向上させるプロセスの1つと捉えることもできます。書く技能と話す技能、それぞれの活動を統合させることで、次のような良い学習効果が期待できるのです。

効果1　レポートをハンドアウト（配布物）に書き直すことが生み出す学習効果
　例　主張のアウトラインを再検討できる
　　　レポートで書いた主張を取り出し、ハンドアウト用に整理してみることで、辻褄の合わない部分や重なっている部分が発見できる。

- **例 要約の練習になる**
  レポートでは長い文章で書いたものを、ハンドアウト用に短い文章に書き直すと要約の練習にもなる。

効果2　レポートを元にスライドを作ることが生み出す学習効果

- **例 構成が再確認できる**
  スライドの大見出しや小見出しを付ける作業がレポートの構成確認に役立つ。レポートから重要キーワードを拾い出すことで主張の要点も再確認できる。

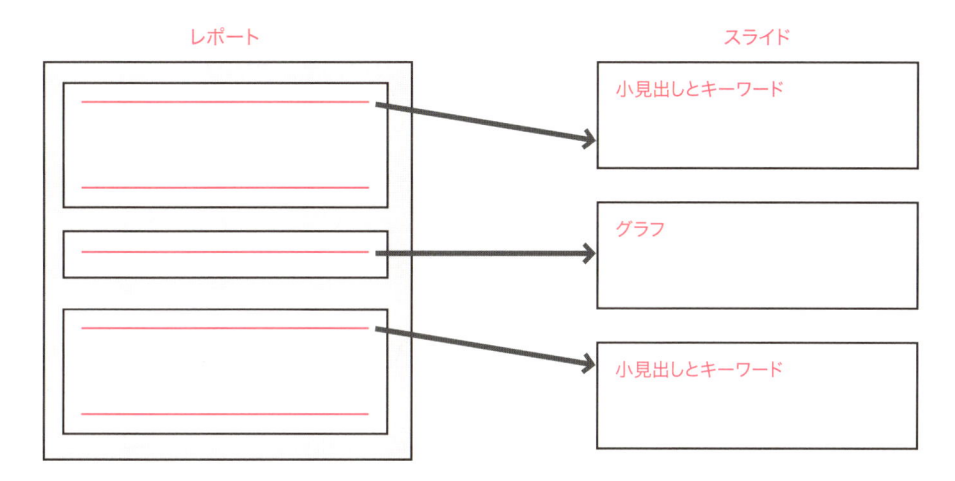

```
     レポート                           スライド

┌─────────────────┐
│  ─────────      │ ──────→  ┌──────────────┐
│                 │          │ 小見出しとキーワード │
│  ─────────      │          └──────────────┘
│                 │
│  ─────────      │ ──────→  ┌──────────────┐
│                 │          │     グラフ     │
│  ─────────      │          └──────────────┘
│                 │ ──────→  ┌──────────────┐
│                 │          │ 小見出しとキーワード │
└─────────────────┘          └──────────────┘
```

- **例 調査結果の一部を図や表の形にする機会になる**
  スライドで図を見せながら説明する場合、内容を図や表として再整理できる。

効果3　レポートを元に発表原稿を作ることが生み出す学習効果

- **例 文体を変える練習になる**
  「である体」から「です・ます体」に書き換える練習になる。

参考：大島弥生、大場理恵子、岩田夏穂 編 (2009)『日本語表現能力を育む授業のアイデア―大学の授業をデザインする』ひつじ書房

3 ここがポイント！

口頭発表の準備に時間を取られすぎているような気がしたとしても、その準備の中に本来の目的である書く技術を向上させる活動も含まれています。時間と相談しながら、口頭発表の準備も有意義に活用してみましょう。

22 スピーチ・ディスカッションの授業④

母語 すべての言語　レベル 初中級以上　クラス規模 不問

「話し合いが盛り上がりません。」

レポートを書く初中級のクラスでは、1つのテーマについてグループで意見交換（討論・ディスカッション）をしてからレポートを書くのですが、お互いの意見に無関心で、一人一人が意見を述べて終わり、というような感じになっています。時々「〜さんの意見に質問ありますか？」と促してみますが、積極的な発言は見られません。どうしたら話し合いが活発になるでしょうか。

1 ココに注目！

- ☐ 初中級レベルで使える話し合いの表現をまとめてありますか。
- ☐ 意見交換はレポートにどんな影響を与えるでしょうか。

2 解決法

話し合いが活発にならないという問題には、テーマの適切さ、段取りの適切さ、話し合いのための表現を理解しているか等、いろいろな原因が考えられます。初中級でよく見られる原因には、次のものがあります。

- 話し合いで使う表現がわかっていない。
- レポートを書くために意見交換をする目的を理解していない。

話し合いでよく使う表現を導入練習しよう

初中級の場合、文型の導入練習が終わっていても、学習者にはその文型が話し合いや意見を言うときに使えるかどうかわからない場合があります。初級文型を使った意見の言い方、聞き方を整理、練習してから話し合いを始めたほうがよいでしょう。

①自分の話を進めたりまとめたりする表現例

話すテーマを提示する	〜について話したいと思います／〜についてなんですが〜
話の順番を整える	まず〜、次に〜、／最初に〜、最後に〜
話を要約する、言い換える	つまり〜／例えば〜
話を終わらせる	以上です／結論は〜

②自分の意見や考えを言う表現例

自分の意見を言う	〜だと思います／〜ではないかと思います／〜と考えています
意見の根拠、理由を言う	（なぜかというと）〜だからです
態度を保留する	〜についてはまだわかりません

③他の人に対する表現例

質問する	質問があるんですが〜／質問してもいいでしょうか
確認する	〜の意味がわからなかったんですが〜／AというのはBということですか／どうしてそう考えたんですか
詳細を聞く	例えば？／例えばどういうことですか／具体的には？
同意する	私も同じ意見です／わかります／そうですね／確かに
質問や確認の答えをもらった後	わかりました。ありがとうございました
他の人と違う意見を言う	Aさんの意見はよくわかりました。私はちょっと違う意見です

意見交換がレポート執筆に大きな意味があることを示す

　意見交換はレポートの執筆に大きく役立ちます。自分一人でレポートを書いて提出するだけでは、論拠が薄い、例示が少なくて説得力がない、結論がわかりにくい等、レポートとして重要な欠点に気付きにくいからです。レポートの完成度を上げるために意見交換が大切であることは、学習者にも示したほうがいいでしょう。活動の最初に直接説明してもいいですし、重要性に気付いてもらうため、慣れるまで、話し合いでもらったコメントや質問をメモすることを課題としてもいいでしょう。

3 ここがポイント！

話し合いを活発にするためには、教師が一方的に支援する（質問する等）機会を増やすより、学習者自身が他の学習者と自然に話し始められるような支援を心がけてみましょう。

23 聴解の授業① 母語 すべての言語　レベル 不問　クラス規模 不問

「聴解力の向上につながるような聴解授業をしたいです。」

教科書の聴解問題を解きました。ある場面での会話があり、その内容に関する正誤を問う質問に答えるというものです。授業では、単語知識を確認した後、模範教案通りに音声を2度聞かせ、問題を解き、答え合わせをして授業は終了しました。これで「聞く力」が付くのかどうか不安です。現場ですぐに役立つ聴解授業の組み立て方をもう少し勉強したいです。

1 ココに注目！

- ☐ 「聞く力」について細かく分けて考えてみたことがありますか（例：独話か対話か、聞き取る目的は何か）。
- ☐ 聴解力を付けていくためには、「音声を聞いて答え合わせする」ほかに、授業の中でどんな活動が必要でしょうか。音声を聞く前後の活動を含め、いくつか例を挙げてみましょう。

2 解決法

　聴解力を育てるためには、「聞く」という行為にはどのような要素が含まれているのかを考えてみる必要があります。私たちが日常どんなところで、どんなことを聞き取っているのかを振り返ってみましょう。

- 何か目的があり、何らかの情報や前提となる知識を持って聞いている。
  - 例　地震の情報を得るためにラジオを聞く、行き先を知るために駅でのアナウンスを聞く、知識を得るために講義や講演を聞く
- 相手の表情やジェスチャー等の視覚的な情報も聞き取りの助けとしている。
  - 例　家族や友人との会話、社交的な場での会話
- なんらかの反応をしながら聞いている。
  - 例　あいづちを打つ、聞き返す、質問する

　これらのことは、聴解の授業を行う上で大きなヒントとなります。日常の「聞く」という行為でも、聞く前に準備をすることもありますし、聞いた結果、どう行動するかということが重要になってきます。このような「聞く」ことに関する一連の流れを踏まえ、聴解の授業においても「聞く」ことの前後の活動について考えてみましょう。

```
聞く前の活動  →  聞く  →  聞いたあとの活動
聞く準備をする              フィードバックを行う
```

聞く前の活動：目的を絞り、タスクを焦点化する

聞き取りを行う前に、何を聞かなければならないかを明確にしておきます。聞く内容について、ある程度情報を与えて、目的を絞って聞くといいでしょう。

- 聴解問題であれば、設問を先に読み、聞かなければならないことを確認する。
- タイトル等から、これから聞くことに関して予想したり推測したりする。
- 聞き取る内容と関連したプレタスクを行う。内容に関係のある話をしたり、読み物を読んだりすれば、そこで関連語彙や表現等も学ぶことができる。
- 「聞く」という活動には話の背景にある社会文化に関する知識が必要であるため、文化的、社会的なものに関するものは、あらかじめ教えておく。

聞いたあとの活動：フィードバックを行う

聞いたあとは、フィードバックをします。

- 答え合わせは1問ごとに確認するとよい。一気に答え合わせをしても、途中間違えていた場合にまた戻って聞き直さなければならないので、1問ずつ「聞く→答える→確認する」を繰り返す。
- 設問で問われていること以外でわかった情報を共有する。そうすることで、語彙や表現、背景知識を増やしていくことができる。
- 話し言葉特有の表現を確認する。
  - 例 語順の入れ替え：「先週、行ったんですか？ 旅行」
    縮約形：食べてしまいました→食べちゃった、話しています→話してる

他の技能とつなげ、日本語の表現、考え方を広げる

聴解の授業は他の技能の練習につなげていくこともできます。

- **聴解から会話につなげる**：聞いた結果、自分ならどう行動するか（反応するか）を考えディスカッションを行う。
- **聴解から発音練習につなげる**：聴解練習を拡大してシャドーイングや発音指導を行う。
- **聴解から作文につなげる**：聞いたことをノートにまとめる。自分の意見を書く。

3 ここがポイント！

日常の聞き取りは「聞いて理解する」だけではありません。授業でも聞く前に準備の時間を設けたり、聞いた後にフィードバックや他の技能につながるような活動を行う等すれば、表現や考え方を広げることができます。

24 聴解の授業②

母語 すべての言語　レベル 中級以上　クラス規模 10人程度

「実生活で役立つ聞き方を身に付けさせるための方法が知りたいです。」

聴解テストの点数はいいのですが、街中で聞く日本語は全然わからないという学習者がいます。聴解の授業で学んでいることを実際の生活の中の「聞く」につなげていくためには、どのようなスキルを身に付けさせればいいのでしょうか。また、そのスキルを身に付けるための方法があれば、教えてください。

1 ココに注目！

- ☐ 日常生活の中で、私たちはどのような目的で「聞く」という行為を行っているか、分析してみたことはありますか。
- ☐ 自分が必要とする情報を聞き取ったり、相手の話の大意を聞き取ったりする練習を授業で取り入れていますか。

2 解決法

　私たちが「聞く」目的は、情報を得るため、知識を得るため、指示を仰いでそれに従うため、会話を楽しむため…等、場面によって様々です。これらのどの場面にも応用できる「聞く力」を付けるためには、**聞くスキルの獲得を目的としたトレーニングを取り入れる**ことです。

スキャニング＝自分に必要な情報を聞き取る

　スキャニングとは必要な情報を探す聞き方です。例えば、天気予報を聞いて自分が住む町の天気を把握したり、駅のアナウンスを聞いてどの電車に乗るか判断するような場合です。私たちは通常、自分に必要のないことは聞き流すことが多く、天気予報の例でも、特別なことでもない限り、自分の住む地域以外の天気を気にすることはあまりありません。このように、私たちは日常、スキャニングをよく行っています。

教室活動例 駅のアナウンスを聞いて、到着時間を聞き取る。

　この場合、教師がどんな情報を聞き取るか（例：列車の到着時刻）を前もって指定します。慣れないうちは、どの情報も聞き取ろうとし、その結果、必要な情報も聞き取れないということがあります。しかし、スキャニングのトレーニングを繰り返すうちに、少しずつ慣れてきます。そして、徐々に教師が指定したことではなく「本当に自分に必要な情報」を聞き取れるような、より現実に近いスキャニングを行っていけるようにします（例：列車の遅れを知らせるアナウンスを聞いて、自分が乗る列車への影響はないかを聞き取る）。

スキミング＝話全体の要旨をつかむ

　スキミングは話の要旨をつかむ聞き方です。これは大学の講義を聞いたり、ニュースを聞いたりするとき等に使うスキルです。

教室活動例 大学の講義を聞いて内容を理解し、まとめる

　大意をつかめたかどうかの確認として「内容に合っているものには○、合っていないものには×をつける」といった○×方式の設問に答えたり、要旨を書いてまとめたりします。スキミングでは3〜5分程度のものを聞くのが一般的ですが、例えば、学習者の学習目的が「大学の講義を聞けるようになる」というものであれば、最終的には90分ほどのものを聞ける力を養わなければなりません。このようなときは、教材を講義に絞り、それをいくつかのパートに分けてスキミングの練習を行っていくといいでしょう。

その他の聞き取り

　聴解の授業では、スキャニングやスキミング以外にも、聞き取ったことをメモする練習等も行います。私たちは日常、電話を掛けるとき、会議等の話し合いをしているとき、講義を聞いているとき等、メモをする機会は多くあります。相手の話を聞きながらメモをする練習は日常生活でとても役に立ちます。

　練習の方法としては、穴埋め問題として聞いたことを括弧に書き込んだり、聞いたことを書き取るディクテーション等を行ったりします。

3 ここがポイント！

> 聞くスキルを身に付ける方法として、「スキャニング」や「スキミング」があります。目的に応じた聞き方をするために、このようなトレーニングを授業に取り入れていきましょう。

25 聴解の授業③

母語 すべての言語　レベル 初級〜中級　クラス規模 不問

「聴解力を評価するのにどんなことに注意したらいいですか。」

学期末のテストも終わり、これから聴解の成績を付けます。普段の授業での聞き取りの様子や聴解テストの結果をもとに成績を付けようと思っていますが、聴解力を評価する際の注意点等があったら教えてください。

1 ココに注目!

- ☐ 何を評価するのか、コースが始まる前に学習目標を定めていましたか。
- ☐ 学習目標を学習者に示してありますか。それは、どの時点で示しましたか（例：学期始め、テスト前、授業のたびに）。

2 解決法

評価をする際、大切なことは、**コース開始時に到達目標や評価基準を決め、学習者にも示しておくこと**です。

到達目標や評価基準の示し方

例えば、中級の聴解クラスでは、次のような到達目標が立てられます。

「中級聴解」クラスの到達目標
① 日本語を繰り返し聞くことで、話のテーマがわかるようになる。
② 必要な情報を選んで聞き取れるようになる。
③ 聞き取った内容をアウトプットすることで、基本的な会話力を身に付けることができる。
④ 聞いたことに対して、適切に反応することができるようになる。

これらの項目が、どのように評価されるのかについても具体的に学習者に示すことができれば、学習者の目的意識や意欲の向上につながっていきます。

「中級聴解」クラスの評価基準と評価方法
- リスニングクイズ　20%（到達目標①②）
- 会話クイズ　20%（到達目標③④）
- 授業参加度　30%（到達目標①②③④）

- 期末テスト　30％（到達目標①②③④）

　上記のような学習目標や評価基準、評価方法等は、授業開始時にプリントで配布します。このようなプリントが手元にあれば、評価を出したあとにも何をどう評価したのか、教師も学習者も再度確認することができます。

　評価表は評価基準をもとに作成し、学期末に学習者に渡しますが、**成績は数字で示すだけではなく、コメント欄を設ける**といいでしょう。今後の学習に活かしていけるように、学習者ががんばったことやよく聞けている点、苦手としている点やそれに関するアドバイス等を書き込みます。

聴解力評価表の例

評価表（ひょうかひょう）　　　7月20日　名前　リアさん

リスニングクイズ	会話クイズ	授業参加度（じゅぎょうさんかど）	期末テスト（きまつ）	合計（ごうけい）
20／20	16／20	30／30	25／30	91／100

コメント：
長い会話を聞いて、大切なポイントを聞きとることができるようになりました。
それから、日本人の会話のスピードにも慣(な)れてきましたね。
これからは、聞きとったことを、会話につなげていけるといいですね。
つぎの学期でも、リスニングと会話のクラスがあります。
いっしょにがんばりましょう！

　学習者の成績が数字化されている評価表は、自分の力がだいたい何％ぐらいか把握するのに役立ちます。もっと詳細に、具体的にどこが伸びたのかを示せるようにCan-doを利用することもできます（→p.122）。

3 ここがポイント！

> コースの始めに到達目標や評価基準を決めて学習者にも示しておきます。評価基準をもとに成績を付けますが、数字で示すだけでなく、学習者に意欲を持たせ、今後の学習の助けとなるようにコメントも付けるといいでしょう。

26 聴解の授業④　母語 すべての言語　レベル 初級〜中級　クラス規模 10人程度

「実社会で役立つ聴解力につながるような評価の方法はないでしょうか。」

聴解のクラスでは、「語彙の選択10％、会話の内容理解20％…」というように、評価を数字化して学習者に渡しています。数字を見て一喜一憂している学習者を見て、このような評価が実社会で役立つ聴解力につながるのだろうかと疑問に思います。後の学習や実社会で役立つ聴解力につながるような評価の方法はないでしょうか。

1 ココに注目！

- □ コース開始前に学習目標を設定しましたか。その目標は具体的なものでしたか。
- □ 学習目標が達成できたかどうかを学習者に示すために、工夫したことはありますか。

2 解決法

聴解の授業やテストでは、問題を解き、正答を導き出すことが主に行われています。正しい答えを選べれば良い評価をもらえ、選べなければ悪い評価になります。しかし、**日常のコミュニケーションでは私たちは正答を導きだすために聞いているわけではありません**。教室内だけではなく実社会において聞ける力を付けるために、実生活に即した言語活動のCan-doを作成し、利用することができます。

Can-doを示す

Can-doは日本語の熟達度を「〜できる」という形で示したもので、具体的にどこが伸びたのかを学習者に示すことができます。次に挙げる表は、国際交流基金が作成したCan-doから一部を抜粋したものですが、国際交流基金のCan-doはレベルを6つに分け、500以上がリストアップされています。日本語の熟達度を把握できるだけでなく、コースデザインや教材開発、試験作成等にも活用できるとしています。

レベル	言語活動	カテゴリー	第1トピック	JF Can-do（日本語）
A2	受容	指示やアナウンスを聞く	学校と教育	学校などで、下校時間や呼び出しなどの簡単なアナウンスを聞いて、理解することができる。

レベル	言語活動	カテゴリー	第1トピック	JF Can-do（日本語）
A1	受容	指示やアナウンスを聞く	学校と教育	ゆっくりとはっきりと話されれば、休講や教室変更など、教師のごく簡単なアナウンスを聞いて、理解することができる。
A1	受容	指示やアナウンスを聞く	学校と教育	ゆっくりとはっきりと話されれば、「教科書を開いてください」「教科書を読んでください」などの授業中の教師のごく簡単な指示を聞いて、理解することができる。

参考：国際交流基金「みんなのCan-doサイト」　http://jfstandard.jp/

　国際交流基金のCan-doを利用することもできますが、クラスに合わせて下記のような、オリジナルのCan-do表を教師が作成してもいいでしょう。

例　「中級聴解」クラス　Can-do表

> □ 学校の授業について友人が話していることがだいたい理解できる。
> □ 学校の行事について友人が話していることから情報を得ることができる。
> □ 適当なところであいづちを打ちながら聞くことができる。
> 　　　　　　　　　　　　⋮

Can-doは日本語の熟達度を把握するだけでなく、これをもとに授業を行ったり、学習者に具体的な目標を示したりすることができます。学習者にも内容をしっかりと理解させるため、上記のような表を作成する際は、レベルによっては英語や学習者の母語に翻訳されたものにしてもいいでしょう。

　このような表を学期の始めに配布し、学習者に現時点でできるものにチェック（✔）をしてもらいます。この表にあることは最終目標なので、この時点では1つもチェックができなくてもかまわないことを伝えましょう。そして、学期終わりにも、この表をもとに自己評価を行ってもらい、それを回収し、教師の評価を書き込み、再び学習者に渡します。最終的にチェックがないものが、今後の課題となります。

3　ここがポイント！

> 実際の社会で役立つ聴解力が身に付いたかどうか、学習成果を評価するためにCan-doを利用する方法があります。学習者はCan-doによって何ができるようになったかを具体的に知ることができますし、できないことを今後の目標にすることもできます。

27 聴解の授業⑤

母語 すべての言語　レベル 初中級以上　クラス規模 10人程度

「聴解教材の内容に興味を持ってくれません。」

初中級の聴解のクラスを担当しています。学習者は授業には真面目に取り組んではいますが、教材の内容にあまり興味を持ってくれません。例えば、環境問題がテーマの時は「私は興味がない」、アリの生態について聞いた時は「アリなんてよく見たことがないからわからない」と言われました…。学校指定の教材を使っているので簡単に教材は変えられません。どう対処したらいいでしょうか。

1 ココに注目！

- ☐ そのクラスの学習者が興味の持てることは何か、それぞれどんな知識を持っているか、学習者それぞれのバックグラウンドを確認してみたことがありますか。
- ☐ 音声をただ聞き取るだけの授業になっていませんか。聞き取りの目的を意識させたり、内容を推測させたり、最後に内容について感想を言ったり、学習者の知識やすでに持っている能力を発揮させることを意識していますか。

2 解決法

聴解の授業は、聞くことによる理解のプロセス（過程）を支援して聴解力の向上につなげることが目的です。つまり、教科書を変えられなくても、**教材の聞き方のプロセス（過程）を見直して**、学習者自身が持っている興味と能力を引き出すように努めてみましょう。例えば、次のような観点で、授業の展開を再構成します。

学習者の知識や経験を活かして興味を持たせる

第二言語習得に関する研究では、学習者は、聴解のプロセス（過程）において、自分が持っている言語知識と場面に関する知識を手がかりにして、音声から意味を推測していると考えられています。聞き手がすでに持っている知識は聴解を助けているわけです。よって、学習者の知識、経験、興味を事前に知っておき、それを授業展開に活かすと、学習者が内容に興味を持ちやすくなるのはもちろん、聴解力の強化にもつながります。例えば、次のような取り入れ方が考えられます。

[聞く前]
- テーマを紹介し、その時点で学習者自身が知っている情報や経験を話してもらう。環境問題や動物の生態という大きいテーマに興味が持てないようだったら、学校のゴミの捨て方や街で見る動物といった身近な話題から導入する。

- テーマに関する映像や写真を見せ、知っている言葉を使ってキーワード（語彙）を挙げさせたり、内容について予測させたりする。

[聞いたあと]
- １回聞いたあとは、わかったことは何か、事前の予測と合っていたかを確認する。わからなかったことは２回目からじっくり聞いていくようにする。
- 今回の聴解を通じてわかったことについてまとめたり、自由に感想や意見を言わせたりする。

すでに持っている学習ストラテジーを発揮させて達成感を持たせる

　学習者は学習するための様々なストラテジー（方略）を備えています。例えば、目的に必要な情報を取捨選択する、状況を見て予測する、情報の一部を見て推測する、どのくらい理解できたか自己確認する、といった能力のことです。このように本来学習者に備わっているストラテジー（方略）を聴解の授業でも活かすことができれば、知らないテーマであっても、それぞれが自分らしく、また、クイズのように楽しみながら、課題に取り組みやすくなります。

[聞く前]
- キーワードがいくつか空欄になっているテキストのスクリプト（あるいはその要約）を配布し、どんな語彙が入るか推測させる（推測）。

    例 スクリプト例

日本の有名な食べ物と言えば、ラーメン、さしみ、_____等があります。特に_____は海外でも人気ですが、_____の魚を食べる習慣がない国も多いです。どうして日本では_____という料理が発展（はってん）したのでしょうか。

- 聞く内容のテーマに沿った状況を設定して会話を作らせ、その状況における自分の経験を思い出させてみる（予測）。

    例 買い物の場面の会話を作る

[聞いたあと]
- テキストに出てきた新出語彙をそれぞれまとめさせる（自己確認）。

3 ここがポイント！

> 学習者が興味を持つような内容の教材に変えられればよいですが、変えられない場合でも、学習者の知識や興味、経験を引き出したり、学習者の能力をできるだけ活かした活動を行ったりする等、授業展開の方法を工夫してみましょう。

28 読解の授業①

母語 すべての言語　**レベル** 初中級以上　**クラス規模** 不問

「短期コースでの
読解クラスの教材は
何がいいでしょうか。」

短期の日本語コースで中級前半の読解クラスを担当することになりました。受講生は皆、母国で日本語を勉強している学生です。担当者が教材を決めてよいのですが、短い期間という条件の場合、どのような題材の読み物が適切なのか、迷っています。

1 ココに注目！

- ☐ 短期コースの目的は考慮しましたか（例：ホームステイ＋文化体験中心の短期講座）。
- ☐ 読解の教材は、「内容・題材」の観点と「読み方」の観点のどちらからも選択することができます。「読み方」にはどんな種類がありますか。

2 解決法

　基本的に、**題材は学習者の興味や知識、経験に合わせて選んだ方がいい**でしょう。その方が興味を持ちやすいというだけでなく、題材に関する知識や興味を少しでも持っていると、題材の中にある未知の要素（例：新出語彙、理解できない状況）を推測する糸口になりやすく、知っていることから知らないことへと学習を進める足がかりになるからです。可能なら、学習者の学習歴、背景、興味の範囲、日本への関心分野等を事前にリサーチしておき、参考にしましょう。あるいは、短期コースだったらコースにおける学習者の状況（例：ホームステイしながら通学する、日本人学生との交流会がある、インターンをする）の情報も、題材選びに役立ちます。

学習者の状況、興味、関心等を考慮して教材を選ぼう

　次のような情報を考慮して教材選びを進めます。

具体例 1　対象が留学生の場合

　学習者の状況：短期コースにホームステイ・プログラムが並行しているので、学習者は皆、日本人の一般家庭にホームステイをしながら通学している。
　題材候補：身近な社会問題に関する読み物、生活習慣や文化に関する読み物

具体例2 対象がビジネス・パーソンでプライベートレッスン（初級）の場合

学習者の状況：小説を読むことが個人的に好きなので、日本語でも何か読んでみたい。
題材候補：日本語の小説あるいはその一節、学習者の母語でも読める小説

「読み方」という観点から題材を選ぶ

私たちも日常的に行っている「読み方」には、大きく2つあると言われています。

> **Point**
> - 精読：言葉、文法、文、段落等を細かく確認しながら読む読み方
> - 通読：文章にひと通り目を通す読み方

題材を選ぶときは、こうした「読み方」という観点で選ぶこともできます。例えば、次のように考えられるでしょう。

- 初級の場合は、文型や語彙の学習と兼ねているので、精読で読む題材を選択
  - 例 学習した、あるいは学習している文型と連動している読み物
- 日本で初めて生活する学習者に対しては、通読で必要な情報を探す題材を選択
  - 例 日常的に目にする案内板、インターネットの情報ページ

読みのプロセスに合わせて活動を考える

読解の授業の目的は、読みのプロセス（過程）を助けることで読解力を高めることです。読みのプロセスには、読んでいない先を予測する（**予測**）、大意をつかもうとする（**スキミング**）、キーワードを探しながら速く読む（**スキャニング**）等、学習のためのストラテジー（方略）が使われていますが、こうしたストラテジーを活かし、向上させていくための題材を選ぶこともできます。

- 予測
  - 例 意見文の結末の段落だけを空欄にしておく。学習者はそれまでに読んだ内容をもとに、結論部分を予測する。
- スキミング
  - 例 読んだ文章の要旨に合わせて絵パネルを並べ替える。
- スキャニング
  - 例 旅行の日程表から自分の必要な情報を読み取る。

3 ここがポイント！

> 短期コースの目的や授業外の活動（ホームステイの有無や生活環境等）を考慮して題材を決め、中級として必要な「予測、スキミング、スキャニング」といった読み方の練習が始められるような活動を盛り込んでみましょう。

2章 科目別、ココで困った！ 読解の授業①

29 読解の授業②　母語 すべての言語　レベル 初中級　クラス規模 少人数

「読解の授業が新出単語や文法を追うだけで終わってしまいます。」

地域ボランティアをしています。少人数のグループになって、毎回短い読み物を読んでいますが、新出単語や知らない文法が出てくると、それらを追うことで精一杯になっています。初級が終わったばかりのレベルなので仕方がないと思うのですが、今の進め方で読解力が付くのか心配です。

1 ココに注目！

- ☐ 「読む力」とはどういう力だと思いますか。
- ☐ 実際には「読み方」にはいろいろな種類があります。自分自身は日常的にどんな「読み方」をしているか、振り返ってみましょう。

2 解決法

　読解では新出の文法や語彙の確認に時間を取られてしまいがちですが、文法や語彙を追って終わるだけでは「読む力」そのものは身に付きません。「読む力」が身に付くとは、**学習者自身が目的を持って読み、読んでわかったことが真の情報となり、読んで得た言語知識が次に活かされる**、ということです。そうした力を付けるためには、学習の段階から、例えば右ページの上の表のような学習者の能力を活かす活動を取り入れていきます。

いろいろな「読み方」を取り入れる

　実際の「読み方」には、**精読**（言葉を確認しながら詳細に読む）、**速読**（必要な情報を探して速く読む／短時間であらすじをつかむ）、**多読**（持っている知識を確認しながらたくさん読む）等、いろいろな読み方があります。語学教育では、右ページの下の表のような読み方が練習に取り入れられています。

　こうしたいろいろな「読み方」を取り入れ、いろいろな面から読む力を強化することも、日常的な読解力を上げる道の１つといえるでしょう。

学習者が持っている能力を活かす活動例

段階	活動例
準備の活動	・テキストの内容に関する写真や映像を見て知っていることを話し合う ・テキストのテーマを紹介し、学習者にそれに関する経験や知識を話してもらう ・テキストのテーマを問題提起し、意見交換を自由に行い、読む動機を高める
読みの活動	・要点を読み取る練習として、段落ごとに「この段落で何を読み取るか」を明示して読む ・テキストの中に複数出てくる例示の特徴を整理するために、例示の比較表を配布し、それを埋めながら読む ・意見や考えが出てきたら、誰の意見や考えか、主体を確認しながら読む ・特に重要な語彙は、理解しているか確認するため、出てきたら他の言葉に言い換えさせる等説明を促し、学習者みんながわかっているか確認しながら読む
まとめの活動	・段落ごとの要点が書かれたカードを論旨の順番で並べ替える ・別途、意見の要点が書かれたカードを用意しておき、テキストの著者と同じ意見のカードを探し出す ・テキストに出てきた接続詞の使い方を復習し、それらを使って自分で作文してみる ・テキストの意見に対する自分の意見を書いたり、話したりする

いろいろな読み方の例

読み方の種類	読み方	活動例
精読	言葉を1つ1つ確認しながら詳細に読む	学習する文型や新しい語彙を使った文章を、1つ1つ意味を確認しながら丁寧に読む
速読1（スキャニング）	必要な情報を探すために、文章をざっと読む	キーワードを1つ提示し、文章の中からその類義語を探し出す
速読2（スキミング）	短時間で文章を読み、要旨やあらすじをつかむ	接続詞に注目しながら、段落ごとの関係を捉え、要旨をつかむ練習
多読	できるかぎり目標言語に接し、多量の読み物を読んで要点を理解する	日本の昔話を複数読み、その中から好きな話を発表する

3 ここがポイント！

単語や文法を追うだけで終わらないように、**学習者が読みたいと思うような身近な話題による導入→文法理解から内容理解につながる本活動→理解を確認するまとめの活動**といった、レッスンの流れを作りましょう。また、時には精読だけでなく速読も練習に取り入れて、日常的な読解力向上を目指しましょう。

30 読解の授業③

母語 すべての言語　**レベル** 初〜上級　**クラス規模** 10人程度

「読解授業ではどんなテストをすればいいですか。」

週1回の読解授業を担当しています。今度、初めて学期末のテストを作ることになりました。この授業で、どのぐらい読解力が付いたのか、きちんと測れるテストを作成するために考慮すべきポイントがあれば教えてください。また作成の手順についても知りたいです。

1 ココに注目！

- ☐ 自分の読解授業では、どんな素材、ジャンルを扱い、どんな活動を行いましたか。
- ☐ 読解テストを作成する際に、どんなことを決めておきますか。

2 解決法

テストを作成するにあたっては、次のような視点からどのような読み物を取り上げるか、またどのような問題にするかを検討します。

Point
① 学習者のレベル
② クラスの目的
③ 読解文の素材（例：教科書、新聞、手紙、メール、掲示板、小説）
④ 読解文のジャンル（例：事実文、説明文、意見文、グラフ、マンガ）
⑤ クラスで行った読みの活動（例：精読、多読、速読、スキミング、スキャニング）
⑥ 読解テストにおける問題（例：言葉の意味の確認、理由の確認、筆者の意見や考えの確認、大意の把握）
⑦ 読解における解答形式（例：○×形式、多肢選択形式、穴埋め形式、記述、レポート）

テスト作成の手順は「目的の明確化→素材の選定→問題作成」

上記の7つのことを踏まえ、次のような手順でテストを作成します。

❶ テストの目的を明確にする → ❷ テストで扱う文章を選定、作成する → ❸ 問題を作成する

初級では、一般的に既習の文型の復習としての読解問題が多く、既習語彙や文型を使って書かれた文章を教師が作成する場合が多くあります。レベルが上がるに従い、生素材を使っていく傾向にありますが、**レベルに合わせて少し加工をしてテストを作成する**こともあります。**上級であれば、解答形式も設問形式ではなく自分の意見を論じさせる、要約させる等でもいいでしょう。**

例 「初級読解」のテスト

授業では…

> クラスの目的 …… 習った文型が使われている文章を読んで内容を理解する
> 読解の素材 …… 教科書
> 読解文のジャンル …… 事実文、描写文
> クラスで行った読みの活動 …… 精読

⬇

テストでは…

> ① テストの目的：既習文型の理解度、定着度を測る
> ② 使用する文章：教科書に付属する副教材の読解文。既習文型を使った単文で書かれた文章
> ③ 問題：漢字の読みの確認（多肢選択形式）、言葉の意味の確認（多肢選択形式）、登場人物の行動についての確認（穴埋め形式）等

例 「上級読解〜小説を読む」のテスト

授業では…

> クラスの目的 …… 小説を読んで、日本人の考え方や行動を理解する
> 読解の素材 …… 吉本ばななの小説
> 読解文のジャンル …… 描写文
> クラスで行った読みの活動 …… 精読、多読

⬇

テストでは…

> ① 目的：登場人物の感情を把握し、それについて意見を述べる
> ② 使用する文章：吉本ばななの小説からの一節（授業では扱わなかったもの）
> ③ 問題：登場人物の感情の流れについて要約し、それに関しての自分の意見をまとめる（記述）

3 ここがポイント！

> クラスで扱った読解文の素材やジャンル、またどのような読解活動を行ったかを踏まえ、テストの目的を明確にします。その上で、テストではどのような文章を取り上げるかを決め、問題を作成します。

31 読解の授業④ 母語 すべての言語 レベル 不問 クラス規模 10人程度

「読解のフィードバックの方法が知りたいです。」

読解の授業では、学習者たちがそれぞれ読んだあとに、そこに書かれている意味を私が解説し、最後に設問の答え合わせをするという流れで進めています。答え合わせだけで本当に読解力が付いているのか心配です。

1 ココに注目！

- ☐ 学習者が各自文章を読んだり設問に答えたりしたあと、クラスではどのようなことを行っていますか（例：1文ずつ順番に読ませる、新しい言葉を確認する）。
- ☐ 文章がきちんと読めたかどうかを確認する際、どのようなことを確認していますか（例：言葉の意味、表現の確認）。

2 解決法

読解の授業では各自が読んだあと、さらにクラス全体で内容を確認していきますが、基本的に次の2つのことを順番に行います。
① クラス全体で音読する
② クラス全体で確認する

クラス全体で音読する

各自黙読をして、設問があればそれに答え、その後はクラス全体で音読を行います。ここで、言葉の意味や漢字の読み方をチェックしたり、内容を確認したりします。

1文ずつ読む
1人1文ずつ順番に音読していきます。全員が平等に読む機会を与えられ、教師は一人一人の読み方や発音を確認することができます。

段落ごとに読む
段落に分けて順番に音読していきます。段落ごとに読むことで、まとまった内容を把握しながら読むことができます。

配役を決めて読む
登場人物が多い物語文などは、1人が読むよりも、配役を決めて読んだ方が聞いている方

もストーリーを追いやすくなります。役になりきって読んでくれる学習者もいて、場面や状況をイメージすることができます。

クラス全体で確認する

クラス全体での音読が終わったら、次に以下のことを確認していきます。

言葉、表現、文の意味を確認する

　確認の仕方は、1文ずつ読んで、そこに出てくるものを確認する方法と段落ごとに区切って確認する方法等があります。文が複雑な構造になっているときは1文ずつ確認し、指示詞の指しているものを探したり、場面の展開を把握したいとき等は、段落ごとに確認するのがいいでしょう。

設問の答えを確認する

　文章のあとに設問があったら、その答え合わせを行います。学習者の答えが違っているときには、もう一度文章に戻って、なぜその答えになったのかをいっしょに確認します。答え合わせの方法はクラス全体で行う他に、まずはペアで確認し合ってから全体で行うこともできます。このようにすると、答えがわからなかったり、自信がなかったりする学習者は安心して学習に取り組むことができます。

内容が把握できたかどうかを確認する

　読解の授業では、最終的に、全体で何が述べられていたのかを把握できているかどうかが大切です。そこで、全体の内容が把握できたかどうかの確認も行います。内容確認の方法には次のようなものがあります。

- 絵やイラストを並べ替えて、話の流れを確認する

　絵やイラストを用意し、学習者は文章の内容に沿ってカードを順番に並べ替えます。そのあと、ペアで絵を見ながらストーリーを話したり、書いたりする活動につなげることもできます。

31　読解のフィードバックの方法が知りたいです。

- ○×形式の問題で確認する
  設問にもよく見られる方法です。学習者は答えがわからないときでも、適当に○×を書いてしまうこともあるので、×の場合はなぜ×なのか、どの部分が文章と異なっているのか等、**学習者に理由を聞いて確認**しましょう。

- QAを行って確認する
  文章を理解できたかを知るためのQAを行います。基本的には、文章に沿って教師がQを考え学習者に答えてもらいますが、**学習者自身にQを考えてもらってもいい**でしょう。それをペアで質問し合ったり、1人の学習者がクラス全体に向けて質問したりする等、学習者が相互的に参加できるような工夫をしてみましょう。

- キーワードを並べ替えて、論旨を確認する
  各段落のキーワードが書かれたカードを準備して、学習者は内容にあわせて順番に並べ替えます。さらに、そのキーワードを使いながら、ペアで各段落の論旨を話したり、書いてまとめたりします。

教師が一方的に説明して終わるのではなく、ペアで内容を確認し合うなど、学習者が相互的に学習できる活動を入れていくと、能動的で動きのあるクラス作りができます。

3　ここがポイント！

> クラス全体で音読をしたあと、言葉や表現、文の意味、また文章全体の内容理解ができたかなどを確認します。教師からの一方的な説明ではなく、ペアやグループで確認作業を行うこともできます。

> **コラム** 私が新米教師だった頃③：
> 作文テーマを学習者に決めさせた結果…
>
> 　中級の作文のクラスを担当していた時のことです。初級ではテーマを教師が決めていましたが、中級ではもっと興味あることについて書いてもらいたいと思い、学習者たちに自由にテーマを決めて書いてもらうことにしました。毎回、担当者を1人決め、担当になった人はみんなと話し合いたいテーマについて作文を書いてきます。それを全体で読んでから、ディスカッションを行い、その話し合いをもとに、各学習者たちも作文を書きます。「漢字は書かなくてはならないか」「男女に友情は成り立つか」等、日本人同士でも盛り上がりそうなテーマが出てきて、とても活発な教室活動ができていました。
>
> 　そんなある日、1人の学習者が「私は全知になりたい」というタイトルで作文を書いてきました。彼は自分の哲学や彼の考える全知について話しましたが、クラスメートたちは彼の考えを理解することができず、そこからどんなことを話し合えばいいのかもわからず、結局、全員作文を書けずに終わってしまいました。私はテーマ担当の学習者の作文を授業前にチェックしておらず、すべてを学習者に任せていました。事前にきちんと読み、学習者の意図を聞いていれば、クラスの中での話し合いももう少しうまく進められたのではないかと反省しました。
>
> 　この失敗は、教えることに少し慣れてきて、学習者中心、学習者主体の授業を目指し始めた時のものです。いくら学習者中心と言っても、やはり教師のコントロールも必要です。学習者が主体的に学んでいくためには、実は教師の関わり方が重要であることをこの失敗から学びました。
>
> 　今では、学習者が主体的に参加できる授業を目指しながらも、教師がどうコントロールするかなどを綿密に考え、授業計画を立てるようになりました。(鴻)

2章　科目別、ココで困った！　読解の授業④

32 漢字の授業① 母語 すべての言語 レベル 初級 クラス規模 10程度

「既習漢字を使うようにしてもらうにはどうしたらいいでしょうか。」

初級も後半になり、既習漢字もだいぶ増えてきましたが、書いた文を見るとひらがなばかりという学習者がいます。習った漢字はぜひ使ってほしいのですが「漢字を使いましょう」と言ってもなかなか使ってくれません。漢字を使って文を書かせるためにはどうすればいいでしょうか。

1 ココに注目！

- ☐ 学習者が習った漢字を使わないのは、なぜだと思いますか。
- ☐ 漢字を使うメリットを示すための方法を考えてみましょう。
- ☐ ひらがなばかりの作文を、あなたならどのように添削しますか。また、どうしてそのように添削しますか。

2 解決法

漢字を書かず、ひらがなで書いてしまうのには、以下のような理由が考えられます。

- 漢字学習と文章の中で漢字で書くということがリンクしていないため。
- 書く内容に集中していて、漢字を書く余裕がないため。
- 漢字を忘れているため。
- ひらがなのほうが楽であるため。

ひらがなばかりの文を読ませて、感じたことを発表してもらう

英語や韓国語のように分かち書きをする言語を母語に持つ学習者は日本語でもよく分かち書きをします。本来、日本語は分かち書きをしませんが、カタカナや漢字を使用することが分かち書きの機能を果たしています。

> にほんりょうりとちゅうごくりょうりとフランスりょうりのなかでどれがいちばんすきですか。

このような例文を、学習者に示してみましょう。その後、漢字が混じった文と比較してみます。以前、漢字圏、非漢字圏両方の中級学習者にひらがなばかりの文を読んでもらったことがありますが、学習者の多くは文の切れ目がわからず、四苦八苦していました。また、カタ

カナや知っている漢字があれば、それだけ読んで文の意味を推測できると言う学習者もいました。漢字を使うメリットについて学習者たちと話し合う時間を作れれば、それが漢字を使うきっかけになるかもしれません。

「文」の中で漢字を使う練習をしてみよう

漢字の授業では一般的に漢字の書き方、読み方について学習します。その際、漢字そのものの読み方や単語の読み書きはするかもしれませんが、それを文の中で読んだり書いたりということまでは行わないこともあります。しかし、語彙の学習でもそうですが、**言葉や漢字は意味だけが単独であるのではなく、文章の中で使われています**。読む練習では、できるだけ文章の中で使われている漢字を読ませるようにすると、**その漢字や言葉の使い方も知ることができます**。また、文の中で使われていれば、漢字を忘れてしまった場合にも、**前後の文脈から意味を推測**することができます。

例
- （a）　試合
- （b）　今日のサッカーの試合は、日本対アメリカです。

aは単語だけなので、そこから読み方を推測することは難しいですが、bは前後の漢字が読めれば「試合」の意味を推測できるかもしれません。日本人も新聞や本を読むときに知らない漢字でも文脈から意味や読み方を推測しながら読んでいます。このようなストラテジーの学習も意識した指導を行っていけるといいですね。

さらに、新しい漢字を習ったら、それを使って文を作る練習をするというのもおすすめです。文は単文でかまいません。漢字が増えると語彙も増えますから、これを続けていくと、書くことに限らず、会話の中で使う言葉も増えていきます。

学習者の気付きを促す声がけや、添削をする

作文を書く際、その内容に意識が集中して、表記のことまで考える余裕がないという学習者もいます。そのような場合、ある程度文を書き終えた時点で「この漢字はもう勉強しましたね」と声がけをしてみましょう。そして、漢字の書き方を忘れている場合には、漢字のテキスト等で調べて書いてもらいます。

ひらがなばかりの作文には、習った漢字で書ける部分にアンダーラインを引いて、もう一度漢字に直して提出してもらいましょう。宿題として時間がとれないときは、作文を返却する際に、教師といっしょに見直してみるのもいいでしょう。気付きを促し、直していくことで表記への意識を高めていきましょう。

3 ここがポイント！

> 漢字学習と実際の漢字使用とがリンクしていない可能性もあります。文の中で漢字を使う練習をしてみましょう。漢字を使うメリットについて学習者と考える時間を設けられれば、それが漢字使用につながるかもしれません。

33 漢字の授業② 母語 漢字圏・非漢字圏　レベル 初級　クラス規模 不問

「漢字圏と非漢字圏の学習者がいるクラスでは漢字の授業をどうしたらいいですか。」

地域の交流センターで日本語のグループレッスンをしています。今度新しく始まるグループでは、初級の読み書きと漢字の学習をすることになりました。学習者の名簿を見ると、非漢字圏、漢字圏、それぞれの学習者がいるようです。このような構成の場合、漢字をどう教えたらいいでしょうか。

1 ココに注目！

- ☐ 初級の漢字学習は一般的にどのように行われているでしょうか。
- ☐ 初級の場合、漢字圏の出身であっても、漢字に関してわからないことが多くあります。例えば、どんなことでしょうか。

2 解決法

　初級の漢字学習の多くは、主教材と連動して行われることが一般的ですが、地域の教室等では、日常生活で使う漢字語彙に特化し、生活で使うことを目的に集中して学んでいるところもあります。次に、それぞれのケースで解決法を見てみましょう。

主教材と連動した漢字学習の場合

　主教材と漢字学習が連動している（主教材に出てくる漢字を学習する）場合は、漢字圏も非漢字圏もいっしょに、**語彙学習として取り組む**ことができます。もちろん、漢字圏と非漢字圏とでは漢字の理解に大きな差がありますが、教科書で勉強した漢字を使って語彙を増やす、類語、反対語を覚える、漢字を使って短作文する、といった学習になると、漢字圏の初級学習者もそれほど優勢ではなくなってきます。それでも、もし漢字圏の学習者が簡単すぎると訴えてくるようであれば、次のような**漢字圏学習者用の課題を追加**しましょう。

具体例　漢字圏学習者の課題

- 教科書の中からさらに難度の高い漢字を漢字圏学習者用に取り出し、宿題等の課題に追加する。テキストの中から学習者自身に自分が勉強したいと思う漢字をピックアップさせてもよい。
- 既習の漢字を使って語彙をつくる練習や、辞書を引いて自分で既習の漢字を使った語彙を集める活動等を追加する。

目的に特化した漢字学習の場合

特別な目的の漢字学習の場合は、目的の達成のために効果的な学習を考える上で、漢字圏と非漢字圏の学習者とが共同で学習するのがよい場合と、レベル別の課題を与えたほうがよい場合があります。例えば、それぞれ次のような活動が考えられます。

活動例1 共同学習の場合：生活に必要な漢字が読めるようになることが目的の授業

日本で生活を始めるにあたって、生活の中の漢字、身の回りにある漢字が読めて意味がわかるようになることが目標です。まず、自分の家から教室までの間で見つけた、わからないけれど興味がある漢字を1人5個ずつメモしてきます（あるいは写真を撮ってきます）。それを各自、教室で発表し、読み方や意味がわかる人が解説します。全員わからない漢字語彙はペアやグループになって辞書やネットを使って調べます。その後、クラスに向けて書き方や読み方、意味の説明をしましょう。

活動例2 レベル別学習の場合：日本語能力試験対策

日本語能力試験受験が目標である場合は、受験する予定のレベルごとにグループを作り、そのレベルで出題される漢字とその語彙を、専門のテキスト等を使って、それぞれのグループで集中的に学習します。

3 ここがポイント！

まず、新しく始まるグループの漢字学習の目的を確認しましょう。試験対策等何かに特化した目的があるわけではないなら、同時に担当する読み書き教材の漢字を中心に勉強するのがよいでしょう。レッスン中では、その漢字を使った語彙の学習を中心に行い、非漢字圏の学習者には漢字を書く宿題、漢字圏には語彙や反対語を集める宿題を出す等、工夫すれば、漢字圏と非漢字圏の学習者がいっしょに学習を進めることができるでしょう。

34 漢字の授業③　母語 すべての言語　レベル 初級　クラス規模 不問

「すべての漢字を
イメージ（絵）で覚えたがる
学習者がいます。」

初級の漢字授業では、学習者が漢字を覚えやすいように絵を使ったりイメージを使ったりして教えています。でも、先日、ある学習者から「『種』はどんな絵になりますか」と聞かれ、困ってしまいました。

1 ココに注目！

- ☐ 漢字はどのような部分からできていますか。漢字の構成について考えてみましょう。
- ☐ 絵やイメージ以外に、漢字の覚え方にはどのようなものがありますか。思い付くものを挙げてみましょう。

2 解決法

漢字の入門期に習う「山」「川」等は、いわゆる象形文字なので、学習者も絵やイメージから容易に覚えることができますが、実際にはイメージで覚えられない漢字がほとんどです。ここで、漢字の成り立ちについての分類*を整理してみましょう。

- **象形文字**：ものの形をかたどって作られた漢字　例　日、月、鳥、魚
- **指事文字**：位置や数量等、形で表せないものを、点や線の組み合わせ等によって示して作られた漢字　例　上、下、一、二
- **会意文字**：2つ以上の漢字を組み合わせ、その意味を合成して作られた漢字
　例　森、休、明、好
- **形声文字**：音声を表す文字と意味を表す文字を組み合わせて作られた漢字
　例　泳（「氵」が意味、「永」が音を表す）、草（「艹」が意味、「早」が音を表す）

漢字の成り立ちについて知っていると、日本語を教えるときや覚えるときに活かすことができます。

覚え方のバリエーションを知る

工夫例1 ストーリーで覚える

漢字と漢字の組み合わせで1つの漢字ができている会意文字等は、ストーリーを作って教えたり覚えたりすることができます。あくまで「覚えるため」のストーリーですから、語源と違うこともあります。漢字の形や意味を組み合わせて、覚えやすいストーリーを作ってみま

しょう。例えば、「種」の漢字は形声文字なので、「禾」は稲穂の意味を絵で示し、「重」は音を表していることを説明します。米を作るために土の上にタネをまき、さらに土を重ねるというようなストーリーで示してみるのはどうでしょうか。学習者が作った漢字ストーリーを発表してもらってもいいですね。

> **例** 動 「重いものがあります。大きい力で（押すジェスチャー）動きます」
> 困 「（□を示して）これはうちです。うちのなかに大きい木があります。困りますね」

工夫例2　漢字をパーツに分けて覚える

形声文字の特色を生かし、漢字をパーツに分けて意味や音を推測したり、分類したりしながら覚えます。

> **例** 青、晴、清、静 …… 同じパーツを見つけ、音を推測してみる
> 貝、買う、貯金、交通費、購入、財産、販売 …… 同じパーツを見つけ、共通する意味を推測する

工夫例3　カテゴリー別に覚える

カテゴリー別に漢字をまとめて覚えます。1つの漢字から言葉を増やしていくことができます。

> **例** 機（=machine）→　そうじ機、せんたく機、自動販売機

漢字の学習法について話す時間を設ける

アルファベットや表音文字を使う国の学習者は特に、漢字の形の難しさ、その量の多さに圧倒され、どう覚えたらいいか戸惑う人が少なくありません。また、漢字圏の学習者であっても、1つの漢字にいくつも読み方があって四苦八苦している人もいます。そこで、**漢字の学習法について情報交換を行ってみる**というのもいい方法です。教師からのアドバイスだけでなく、学習者同士「私はこんなことをしている」「こうしたら楽しく覚えられた」という経験を共有することで、学習者たちはそれがいいヒントになり、励みにもなるようです。

漢字のおもしろさを知っている学習者は、「漢字はパズルみたい」「1つの漢字からいろいろな漢字を作り出せる」「1つの漢字がわかれば、そこから言葉の意味を推測できる」と言います。**「1つ覚えると1つ忘れてしまう」ではなく「1つ覚えればたくさん覚えやすくなる」**と考え、それを指導にもつなげていきたいですね。

＊ 象形、指示、会意、形声という4種類の漢字構成法のほかに、転注、仮借という2種類の漢字使用法を含め、この6種類を「六書（りくしょ）」と言います。中国の後漢時代に許慎（きょしん）が記した漢字の分類法の1つです。

3 ここがポイント！

> 漢字の構成の特性を活かし「ストーリーを作って覚える」「漢字をパーツに分けて覚える」「カテゴリー別に覚える」等の方法があります。クラスで漢字の覚え方について情報交換する時間を設けてみてもいいでしょう。

35 漢字の授業④ 母語 すべての言語 レベル 初級以上 クラス規模 不問

「漢字の添削で訂正をどこまで入れたらいいか迷います。」

漢字の宿題を添削するときに、訂正をどこまで入れたらいいのか迷います。字形がゆがんでいたり、「とめ・はね・はらい」が微妙に間違っていたりする場合も、訂正した方がいいでしょうか。書いているのを見ていて筆順も気になるときがあります。それとも、そのような細かいことより、意味が通じればよいと解釈すべきでしょうか。

1 ココに注目！

- ☐ 担当している学習者は、手書きで正確に書かれた願書や作文を要求される場面（進学や就職）への対応が必要になりそうでしょうか。
- ☐ 漢字の導入のとき、「とめ・はね・はらい」や字形について、わかりやすく、印象的に説明しましたか。

2 解決法

　日本語教育では訂正に関する共通の指針は特になく、訂正に関する考え方は、そこで行われている教育機関や教師の考え方、教育的な価値観が反映されやすくなっています。訂正の基準に迷ったときはまず、教えている教育機関の指針を確認したり、教師仲間に相談してみたりした方がいいでしょう。

　プライベートで教えている場合は、自分自身の中で、学習者の学習目的に沿って訂正の目的を確認し、どの程度訂正するかについて、次のような基準となるものさしを作っておくと、指導の時にぶれにくくなるはずです。

- **基準の例**：大学受験を目指している留学生なので、将来アカデミックな日本語を書いたり、仕事で日本語を使うかもしれない。だから、初級からわかりやすくて正確な字形が書けるような訂正を入れるようにする。

学習者の学習目的に沿った対応をしよう

　訂正の基準は、基本的に、**学習者の学習目的**に沿って決めましょう。例えば、大学等の高等機関や会社で日本語を使った活動をすることが目的の場合は、正確さを身に付けておいたほうがいいでしょう。現代ではもちろんコンピュータで書くことが多いですが、黒板（白板）に書いたり、履歴書や手紙を書いたりと、日本社会には意外と手書きの習慣も残されていま

す。また、小学校に通うお子さんのいるご両親だったら、学校行事における手書きの機会は多いと予想されるので、やはりわかりやすい字形で書けるように支援したほうがよいと考えられます。

何を優先して訂正するか具体的に考える

訂正の基準が決まったら、何を優先して訂正するか、具体的に考えていきましょう。

例

主な訂正箇所
- 字画（漢字を構成する点、線）
- 字形（「とめ・はね・はらい」を含む全体の形）
- 筆順（書く順番）
- 送り仮名

↓

優先順位をつける
形のわかりやすさを支援したい

↓

指摘する！	指摘しない
・足りない字画 ・歪んだ字形	・結果的に形は変わらない場合の筆順

導入も見直そう

訂正時に、漢字を書くときの注意が足りない学習者が多いと感じたら、最初の漢字の導入の方法も見直してみましょう。

- 黒板に今まで以上に大きく書き、細かい字形が見えやすいようにする。
- 「とめ・はね・はらい」を、意識的に大きくわかりやすく書いてみる。
- 筆順を強調して確認したい漢字には、板書するときに色を使い分けてみる。
    - 例　一画目から、赤→青→白→黄色

3 ここがポイント！

学習者の学習目的を確認しつつ、プログラム全体の指針はどうなっているのかを確認し、同僚がいたら同僚にも相談するとよいでしょう。それに沿って訂正の基準を決め、漢字のどの箇所を優先して訂正するかを具体的に考えてみましょう。

36 漢字の授業⑤　母語 すべての言語　レベル 中級以上　クラス規模 10人程度

「中上級クラスの漢字はどう教えたらいいでしょうか。」

中上級クラスの「漢字」という科目を担当することになりました。決まった教材はなく、扱う漢字も教師に任されています。これまで漢字のテキストを使ってだいたい800〜1000字程度の漢字を勉強してきた学習者が多いようなのですが、どのような漢字を教えたらいいか、またどんな授業にすればいいか、困っています。

1 ココに注目！

- ☐ 学習者はどのような漢字を学びたいと思っているか、把握していますか。
- ☐ 既習漢字の復習や語彙を増やすための学習として、どのような授業が考えられますか。

2 解決法

コースが始まる前に、何を教えるのか、どんな教材を使うのか、使わないのか、学習目標は何かなど、だいたいのことは決めておかなければなりません。まずは、学習者のニーズを知ることから始めましょう。

学習者のニーズを知る

最初の授業で、学びたいことに関して話してもらったり、アンケートをとったりします。漢字学習で困っていること等も聞き取れるといいでしょう。学習者のニーズは様々だと思いますが、次のような意見が考えられます。

- 日本語能力試験のための漢字学習
- これまで学習した漢字の復習（例：忘れてしまったものも多く、既習漢字を使えるようにしたい）
- 語彙を増やすための漢字学習

この他、四字熟語を覚えたい、自分が好きなマンガに出てくる漢字をとりあげてほしいなど、好みや興味からのリクエストもあるかもしれません。このようなリクエストにクラスメートみんなが賛同する場合には、四字熟語について調べるクラスにしたり、思い切って教材をマンガにしたりしてもいいでしょう。

何を使って、どう教えるかを決める

　試験対策のための漢字授業であれば、対策用のテキストを使い、新しい漢字を覚えたり問題を解いたりする授業が効果的でしょう。これまで学んだ漢字の復習や語彙を増やすための授業に関しては、以下のような工夫が考えられます。

工夫例1　毎回テーマを決め、語彙マップを作る

　特に教材は使わず、「季節」「仕事」等、テーマを決め、語彙マップを作ります。**漢字はバラバラと1つずつ覚えるよりもまとめたほうが定着につながります。**またテーマを決めることによって、そこに挙げる語彙に同じ漢字が使われることもあり（仕事：歌手、運転手等）、語彙を増やしていくのにも効果的です。語彙マップ（→p.146）には、既習の漢字もあれば、辞書で調べた新しい言葉、漢字も含まれます。マップは個人で作ってからペアやグループで共有してもいいですし、大きな模造紙にクラスの皆で書き込んでいってもいいでしょう。教師は新出の漢字について書き方や用法を説明します。

工夫例2　パソコンを使って漢字を書く

　テキストや新聞等の文章を見ながら、パソコンに入力します。このとき、**表記が間違っていると正しい漢字が出てきませんから、漢字の読み方や表記の練習になります。**一方、すべてひらがな表記の文章を使って、文章の意味を考えながら適当な漢字を選び、入力する練習もあります。日本語の漢字には同音異義語が多く、それでつまずいてしまう学習者も少なくありません。「きちょう」と入力すると「貴重」「記帳」「機長」「基調」等、たくさんの漢字が出てきます。最近は、作文やレポートを手書きではなくパソコンで作成することも多くなってきました。このような練習は実践的で、学習者にも役立つものです。

工夫例3　辞書を使って漢字語彙を増やす

　指定された漢字を調べ、その漢字を使った熟語を調べたり、漢語動詞（漢語＋する）を調べてリストアップし、読み方、意味、用法をまとめたりします（→p.147）。

　以上のような学習を教室で行うことによって、学習者も漢字の勉強の仕方も学ぶことができます。学習者の自律学習のヒントになるような授業が行えるといいですね。

3　ここがポイント！

> 学習者のニーズを知った上で、これまで学んだ漢字を復習、定着させ、新出漢字や語彙を増やしていけるような練習を行うといいでしょう。実践的で学習者の自律学習につながるような授業を目指しましょう。

36 中上級クラスの漢字はどう教えたらいいでしょうか。

語彙マップの例

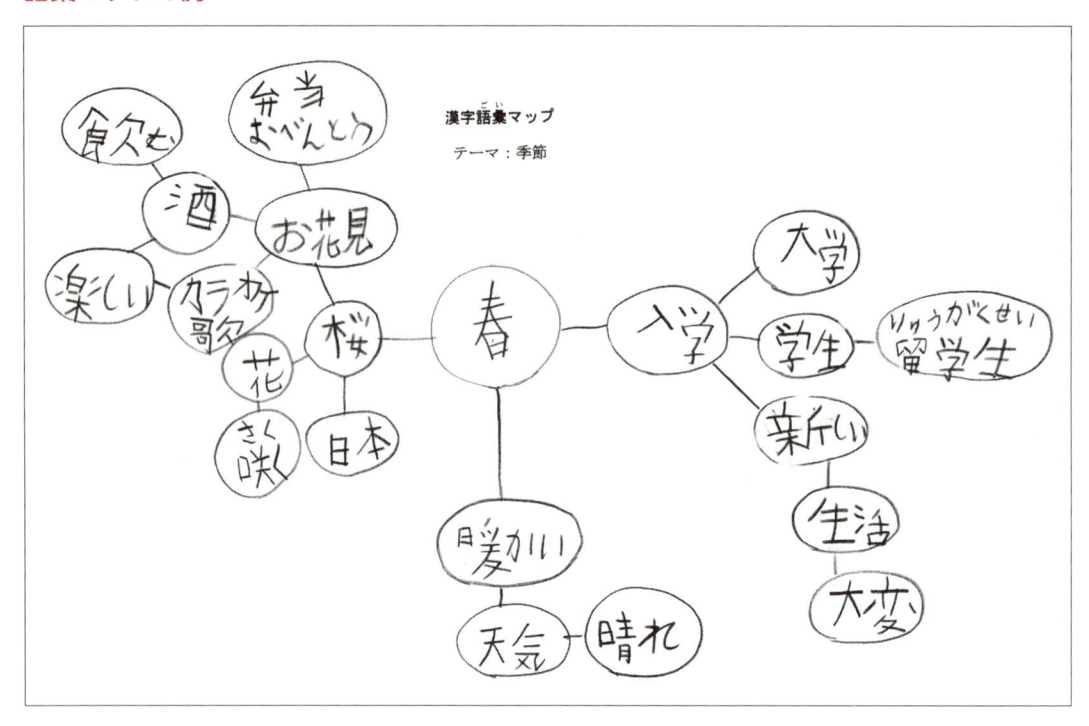

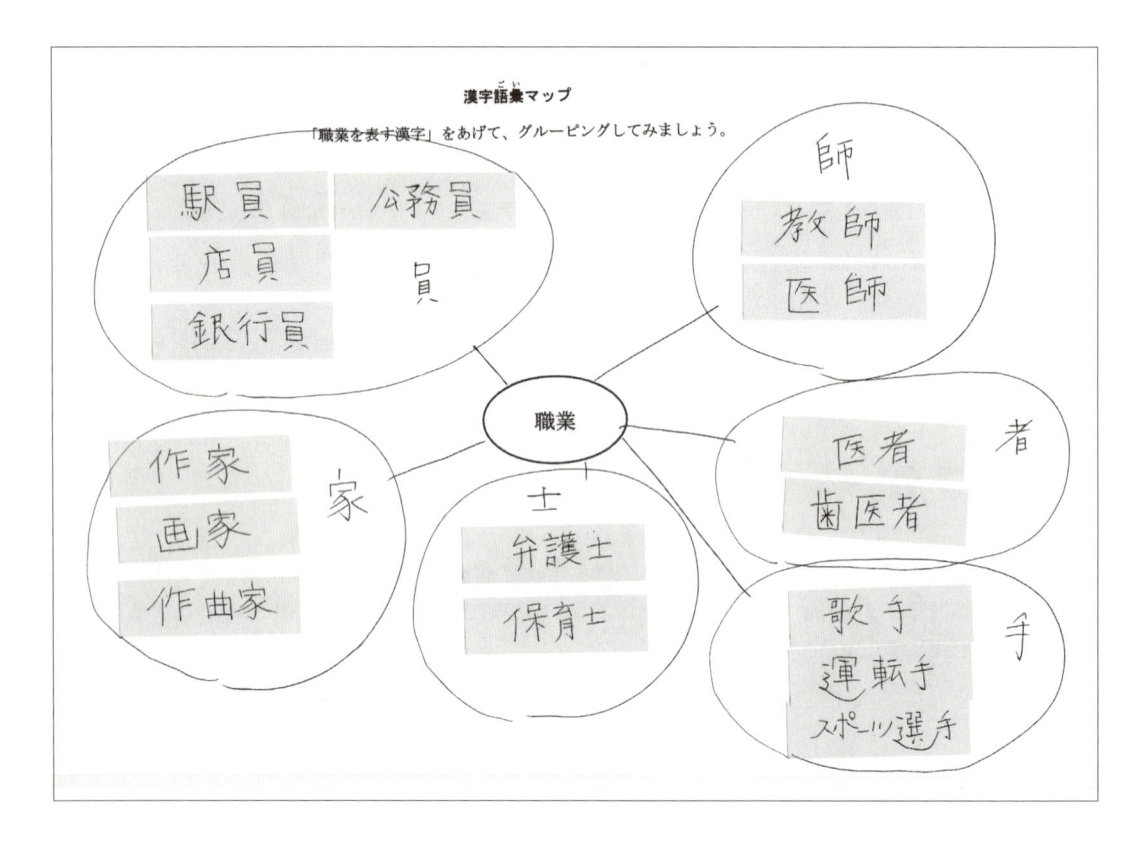

漢字語彙マップ
テーマ：季節

- 春
  - 桜 — お花見 — 弁当（おべんとう）
  - 桜 — お花見 — 酒 — 食べ物
  - 桜 — お花見 — カラオケ / 歌 — 楽しい
  - 桜 — 花
  - 桜 — さく（咲く）
  - 桜 — 日本
  - 入学 — 大学
  - 入学 — 学生 — 留学生（りゅうがくせい）
  - 入学 — 新しい — 生活 — 大変
  - 暖かい
  - 天気 — 晴れ

漢字語彙マップ
「職業を表す漢字」をあげて、グルーピングしてみましょう。

職業
- 員：駅員、公務員、店員、銀行員
- 師：教師、医師
- 者：医者、歯医者
- 家：作家、画家、作曲家
- 士：弁護士、保育士
- 手：歌手、運転手、スポーツ選手

コラム　辞書を使った漢字授業

　辞書を使って類義の漢語動詞を分類するという授業をご紹介しましょう。この授業では毎回、教師が1文字の漢字を示します。学習者はそれを使った漢語動詞（漢語＋する）を辞書で調べてリストアップし、読み方、意味、用法をまとめ、分類します。例えば、「同」という字を課題にした場合、次のようなまとめができあがります。

漢語	読み方	意味／用法
同意する	どういする	相手の意見や提案に対して、自分もそう思う、そうしてもよいなどと賛成すること。
		（辞書の例文）同意を得る、同意を求める
		（私の例文）あなたの考えに同意します。
同情する	どうじょうする	つらい目や苦しい目にあっている人の気持ちになって、かわいそうだと思うこと。
		（辞書の例文）同情をかう、同情をよせる
		（私の例文）こんな私に同情しないでください。
同封する	どうふうする	封筒の中に、手紙以外のものをいっしょに入れること。
		（辞書の例文）書類を同封する
		（私の例文）この間いっしょに行った旅行の写真も同封します。

　表ができたらクラスで発表して共有します。このような学習法を知っていると、ニュースや新聞で新しい言葉が出てきたときにも、自分で調べまとめることができ自律学習にもつながります。さらに、このような表は、自分だけの辞書として活用することができます。

37 表記の授業① 　母語 すべての言語　レベル 初級〜中級　クラス規模 10人程度

「正しく書くことを意識させたいです。」

文法や言葉の使い方などは正しいのに、表記に誤りが多い学習者がいます。提出された作文は毎回添削して返却しますが、誤りは一向に減りません。正しく書くことを意識させる方法は他にあるでしょうか。

1 ココに注目！

☐ 表記に誤りが多いと、どのようなことに困るか、意識させたことがありますか。
☐ 赤字は、修正するべきポイントを見やすく、わかりやすく記入していますか。

2 解決法

　話すことと同じように、書くこともコミュニケーションの1つであり、**書いたものの先には必ず読み手がいます**。表記に誤りが多いと、伝えたいことが伝わりませんから、読み手を意識した書き方をすることが必要となってきます。そこで、実際に他の人に読んでもらうというのはどうでしょうか。伝わらないという体験をすれば、どうすればよいかを考えるようになり、表記に意識が向いていくでしょう。

学習者同士で読み合う

　読み手の存在を意識して書くという目的のために、学習者同士ペアになって読み合うという活動を取り入れてみます。

> **活動例**　ペア（学習者A、学習者B）で、互いの作文を読む
> ①Aは、Bの作文を声に出して読む。
> ②Aは、読めないものにはアンダーラインを引き、その読み方をBに教えてもらう。
> ③Aは、正しい表記がわかれば、書いてBに教える。わからなければ教師に聞く。
> ※Bの作文が読み終わったら、次はAの作文を読む。

　学習者に余裕があれば、アンダーラインを引かれたものに関して、ノートに練習するという課題を出してもいいかもしれません。ただ、その数があまりにも多い場合には「アンダーラインを引かれたうちの3個」というように限定し、教師がチェックを行います。ここでは、正しく書けるようになることも大事ですが、あくまでも**「読み手に通じる書き方をするためにはどうすればいいか」という意識付けが大きな目的**となります。

148

```
　　　　　　　　　　　　　　　　　　　なまえ　デイビッド

　　私の一日

　　私は　オストラリーア人ですけど、今、アメリカに　すんでいます。
　　しごとは、エンツニーヤです。　いそがしいですけど、おもしろいです。
　　私のどりょは、ハンスムで　おもしろい人です。ひろごはんは、いつも
　　どりょと　食べます。今日は　フルトサラダと　いろいろサンドイツを
　　食べました。私がつくりましたのりょりは　ちょうと　まずいですから、
　　いつも　レスツラで　食べます。
　　しごとのあとで、どりょと　えがかんへ　行きました。
　　えがは、おもしろくて　エキサテン (exciting) です。私の一日は
　　とても　たのしかったです。
```

ディクテーションを行う

　ディクテーションとは、**聞き取った単語や文を書き取るという勉強法**です。一般的に聴解力強化のための勉強法と言われていますが、「書く」力を身に付けるためにも効果が認められています。教室の中では単語や文を教師が言い、それを学習者が書き取ります。学習者が苦手とすること（例：促音や長音、カタカナ語、漢字）を把握していれば、それを中心に行います。

活動例　ディクテーション

① 教師が単語、または文を言い、学習者がそれを聞いて書き取る。
② 全員が書けたら答え合わせをする。答え合わせの方法には次のようなものがある。
　・教師が正しい単語、または文を黒板に書き、学習者はチェックする。
　・学習者に前に出てきてもらい、黒板に書かせる。それを見て全体でチェックする。
　・ペアになって、自分のものと同じかどうかをチェックし合う。その後、教師が正しい単語、または文を黒板に書き、学習者はチェックをする。

　だいたい1回に3文ほど行います。このようなディクテーションを毎日続けられれば書き取り能力が身に付くだけでなく、正しく書くことに対して学習者も意識するようになると思います。

3 ここがポイント！

> 正しく書くことを意識させるためには、読み手の存在を意識させることです。ペアになって作文を読み合ったり、ディクテーションを行ったりするなどの方法があります。

2章　科目別、ココで困った！　表記の授業①

38 表記の授業②　母語 すべての言語　レベル 初中級以上　クラス規模 不問

「作文の添削で表記の指摘をどこまでしたらよいでしょうか。」

初中級の学習者の作文を添削していると、表記上の間違い（例：ひらがな、カタカナ、漢字、言葉のつづり・スペル、句読点の打ち方）が多くて気になります。本来の課題は作文なので、内容的な添削を中心にし、表記の間違いは適宜、確認する程度ですが、同じ間違いを繰り返している人も多く、中途半端な指導になっています。作文の表記の誤用はどう訂正したらよいでしょうか。

1 ココに注目！

- ☐ 添削において、学習者がよくわかるような視覚的な工夫をしていますか。
- ☐ 多くの学習者が間違えているところを、教室や対面指導の際に取り出してフィードバックしたことがありますか。

2 解決法

　初中級になると基本の学習も終わり、内容重視の授業が多くなる中、意外と残ってしまうのが表記の間違いです。分野別の授業も多くなり、表記の間違いは指摘されないまま過ぎてしまいがちですが、各教師が気付いたときに少しずつ学習者に意識化させることでだんだん自己修正できるようになってくるものです。例えば、次のような方法で、学習者の表記への気付きを促していきましょう。

作文内の表記の添削は視覚的に工夫する

　作文の添削の中で表記も同時に指摘するとなると、どうしても見た目がごちゃごちゃしやすいので、何の指摘かが一目見てわかるような工夫をすると、学習者も発見しやすくなります。

例 表記の間違いや不完全な文の訂正は△で囲む、文法の間違いは○で囲む、コメントは□で囲む等と決めておく。

わたしのしゅみはテニスです。練習はいっかげつ二回です。日曜日です。
　　　　　　　　　　　　　　　　　△→一か月　△に

試合が七月二十日です。一番上手な人は、しようがもらいます。10さい
　　　　　　　　　　　　　　　　　　△よ→賞　△え

のとき、テニスをはじめてしました。とてもおもしろかった。わたしのテ
　　　　　　　　　　　　　　　　　　　　　　　　　△です

ニスのグルプが練習するにときどきゲームをします。　ゲームはちょっと
　　　△ー　　　　　　△とき　　　　　　　　↑
　　　　　　　　　　　　　　　　　　　　　　□どんなゲームですか？もっとおしえてください。

むずかしですが、わたしはだいすきです。
　　△い

授業中に間違いを共有し意識化する機会を作る

多くの学習者が間違えている表記については、教室活動の中に持ってきて、全体にフィードバックしたり学習者同士で確認し合うのも、印象に残りやすく、効果的です。

例 よく見られる表記上の間違い
- カタカナの「ン」と「ソ」と「リ」の書き分け
- 句点を「。」ではなく「．」と書く。読点「、」と見分けにくい
- 長音「ー」、促音「ッ」、撥音「ン」を抜かしたり、過剰につけたりする

コンピュータ入力を正確な表記への意識付けに利用する

コンピュータで文章を書くときは、正確なつづりを入力しないと、漢字変換ができません。このことを学習に利用し、つづりや長音・促音・撥音への意識付けをはかることができます。特にコンピュータを使ってレポートを書く学生や社会人が学習者の場合は、宿題等をあえてコンピュータを使って書いてもらい、意識付けをはかります。

3 ここがポイント！

> 初中級の学習者の作文の表記上の間違いについては、まず作文の中で、視覚的なわかりやすさにも気を付けながら添削を行い、間違いが続いたり、多くの人が間違えるような箇所については、クラス活動や対面でのフィードバックをしてみましょう。

2章 科目別、ココで困った！ 表記の授業②

39 語彙の授業① 母語 すべての言語　レベル 初級　クラス規模 不問

「言葉の意味の説明が
うまくできません。」

新出語の意味の説明が苦手です。特に初級の学習者には噛み砕いて説明しているつもりなのですが、長々と説明しすぎて結局伝わらなかったということがよくあります。言葉の説明をするのに、いい方法があれば教えてください。

1 ココに注目！

- ☐ 言葉の説明を考えるとき、いつも何を参照していますか。日本人向けの国語辞典の説明をそのまま、学習者にしていませんか。
- ☐ 言葉の意味を説明するとき、「言葉だけ」で説明しようとしていませんか。

2 解決法

　言葉の意味の説明を考える際、日本人が使う国語辞典を参考にする人は多いでしょう。ただし、実際に授業で説明を行うとき、辞書の説明をそのまま示しても学習者には難しすぎます。特に初級学習者に伝えるためには、**言葉で説明するだけではなく、視覚に訴えたり、噛み砕いて説明**したりする必要があります。

視覚に訴えたり、噛み砕いたりして説明する

　言葉の説明をするときは、下記に示すように、視覚に訴えたり、易しい言葉に言い換えたりして説明したりする等の工夫が必要です。

工夫例1　実物や絵カード、写真を見せる

- **実物**：実物を見せればすぐに理解できるもので、教室に持っていけるもの。
  例 名刺、お守りなど
- **絵カード**：教室に持っていきやすく、「動詞」や「形容詞」等、一度に多くの語彙を導入するときに便利。ただし、1枚の絵の中にたくさんの情報が入っているとわかりにくいので、教えたいものが焦点化されたシンプルなものを使う。

例 「たべます」

×　　　　　　　　　　　　　　〇

- **写真**：教室に持っていくことができないもの、絵カードでは示しにくいものは写真を利用する。有名人や文化的なもの、行事等は写真で示すと意味が伝わりやすい。絵カード同様、1枚の写真の中に情報量が多いと意味が伝わりにくいので、写真を選ぶときには注意が必要。

例　すもう、着物など

著作者：efanphotography v2（改変 gatag.net）

工夫例2　絵を描いて説明する

とっさの質問があったり、説明のための教材がないとき等、黒板（白板）に絵を描いて説明する。絵はポイントがわかる略画のようなものでよい。

例　「北海道」
　　教師：（日本地図を描いて）
　　　　　これは日本です。
　　　　　これは北海道です。

「これは北海道です」

39 言葉の意味の説明がうまくできません。

工夫例3　動作やジェスチャーで示す

　実際に動いて見せればすぐに理解できるものは、動作やジェスチャーで示す。言葉と動作を結び付けることで、体で覚えることができ、学習者にもしてもらえば印象に残りやすい。ただ動いて見せるだけはわかりにくいので、言葉を言いながら示すとよい。

　　例 「握手する」
　　　　教師： 握手します。(学習者の1人と握手をする) 握手します。

工夫例4　例文を挙げる

　実物や絵カードだけではわかりにくいもの、主観的な形容詞などは例文を挙げる。いくつか例文を挙げることで、そこから学習者は意味を推測していく。

　　例 「有名」
　　　　教師：マイケル・ジャクソンは有名です。
　　　　　　　(有名なカフェのロゴマークを見せて) このカフェは有名です。
　　　　　　　富士山は有名です。

工夫例5　易しい言葉で言い換える

　漢字語彙、俗語等は、既習語彙や文型等で言い換えて説明する。

　　例 「読書」
　　　　教師： 読書は、本を読むことです。

工夫例6　状況を示しながら説明する

　あいさつや決まり文句、気持ちを表す言葉等は状況を設定して説明する。教師が一方的に説明するのではなく、学習者とやりとりしながら導入すると、学習者も実感しやすい。

　　例 「うれしい」
　　　　教師：　今日、国から家族が来ます。
　　　　　　　　皆さん、どんな気持ちですか。
　　　　学習者：いい気持ちですね！
　　　　教師：　そうですね。うれしいです。

　説明を考えるとき、上記の説明法のうち、どれを使うとより速く確実に理解してもらえるかを考えますが、実際にはいくつかを組み合わせて説明することが多いでしょう。

　　例 「長い、短い」…絵カードで示す＋ジェスチャーで示す
　　　 「おめでとうございます」……状況を示しながら説明する＋絵カードで示す

学習者にも説明してもらおう

　教師が説明をするのではなく「この言葉を知っていますか」と学習者に聞き、知っている人がいれば日本語で説明してもらう方法もあります。実は教師よりも学習者の方が、既習の語彙や文型をうまく使って簡潔に説明できることがあります。**学習者にとっても、言葉の説明はアウトプットのいい機会になります。** もし学習者がうまく説明できない場合は、その説明に教師が補足しましょう。

3 ここがポイント！

> 言葉だけで説明しようとしないことがポイントです。1. 実物・絵カード・写真を使う、2. 絵を描く、3. 動作やジェスチャーで示す、4. 例文を挙げる、5. 易しい言葉で言い換える、6. 状況を示しながら説明する等の方法があります。

40 語彙の授業② 母語 すべての言語　レベル 初級以上　クラス規模 不問

「新出語彙リスト以外の語彙はいつ導入したらいいでしょうか。」

新出語彙リスト以外の新出語をいつ導入したらいいか、いつも迷います。たいていは、課の冒頭に新出語彙がリストになっていますが、練習問題や会話練習の中にもわからない言葉が出てくることがあり、どのタイミングでこうしたテキストの各所に出てくる語彙を導入したらいいかわかりません。

1 ココに注目！

- ☐ 新出語彙リスト以外の新出語彙を教えるタイミングとしてはどのようなところが考えられるでしょうか。
- ☐ それぞれのタイミングで教えるメリットとデメリットを挙げてみましょう。

2 解決法

リスト以外の言葉の導入に決まったタイミングというものはなく、**学習者の理解度と授業の展開に合わせて、その都度調整**します。

語彙導入のタイミング

語彙導入のタイミングは、一般的に大きく3箇所考えられます。

タイミング1　活動の初めにまとめて導入する

例　テキストの新出語彙リストの他に、その他の新出語彙としてリストを作成し、活動する前に配布する。

タイミング2　それぞれの活動の前にまとめて導入する

例　それぞれの活動（例：文型導入練習、応用練習、会話練習）の前に、新しい語彙のリストを作成して配布するか、数が少なければ板書で書き出し、意味を確認しておく。

タイミング3　新出語彙が出てきた時点で導入する

例　新出語彙が出てきたり、リクエストがあったときに意味を答えたり、学習者の中で知っている人に答えてもらったりする。

それぞれのタイミングのメリットとデメリットを理解しておく

　導入のタイミングにはそれぞれ利点と問題点がありますので、よく理解しておき、適切なタイミングを選択しましょう。

例1　活動の初めにまとめて導入した場合
　メリット：活動に集中できる
　デメリット：後半の活動まで記憶に残りにくい

例2　それぞれの活動の前にまとめて導入した場合
　メリット：活動にも集中できるし、すぐ前に導入されるので記憶に残りやすい
　デメリット：活動の前に毎回時間がとられるのでリズムが崩されがち

例3　出てきた時点で導入した場合
　メリット：学習者が知りたいと思ったときに導入できる
　デメリット：新出語彙が出てくると、本来の活動に集中できなくなる恐れがある

すべて説明し尽くさず、学習者が推測する余地も残す

　あえてすべての語彙を説明し尽くさないことも、時には必要です。文型練習、会話練習、読解練習それぞれの新出語彙を「すべて」教師主導で確認するのではなく、時には知らない単語をあえて残しておきましょう。なぜなら、学習者は知らない単語があると予測のストラテジーが働き、自分で言葉の意味を予測したり、他の言葉に言い換えたりするもので、こうしたストラテジーの開発は語学力の向上に必要なことだからです。

3 ここがポイント！

> 練習問題や会話練習の中にわからない言葉があったときは、教師は事前にそれを把握しておき、それぞれのタイミングのメリットとデメリットを確認しながら、その教室で適切なタイミングを選ぶことになります。また、あまり説明しすぎない、学習者自身に考えさせる大切さも忘れないでおきましょう。

41 日本事情の授業① 母語 すべての言語　レベル 中級以上　クラス規模 不問

「日本の伝統的な食事を調べたら日本文化がわかると思ったのですが…。」

中級の「日本文化・日本事情」の授業では、共通テーマを決めて、それについて自分で調べ、クラスで意見交換し、レポートにまとめています。今回の共通テーマは「日本の食文化」です。伝統的な食事について調べれば日本文化への理解が深まると思いましたが、クラスの大半が「寿司」や「ラーメン」についてインターネット等で調べているようで、これで意味があるのかなと心配になっています。

1 ココに注目！

- ☐ テーマ決定について、学習者の視点が取り入れられていますか。テーマ決定のときに、学習者に聞き取りを行ったり、学習者同士で討論させたりしましたか。
- ☐ 教師自らがステレオタイプ（思い込み、先入観、固定観念）を持ってテーマを決めてしまっていませんか。

2 解決法

　日本事情や日本文化を扱う授業の学習目的は教育機関によっていろいろですが、多くの場合、学習者が日本の社会文化を理解する、または日本語の背景知識を知ることが学習目的の1つになっていることでしょう。ここで気を付けたいのは、**日本事情や日本文化を取り扱う授業の主役は学習者であり、視点は学習者にある**、という点です。

　日本語学習者にはいろいろな母語、社会、文化、考え方、価値観等のバックグラウンドを持った人たちがいます。日本文化、社会の見え方もいろいろで、日本社会に個人的な思い入れのある人もいるでしょう。日本語の授業としての日本事情に関する授業の主体は、こうした様々な背景を持った学習者であり、学習者自身が自分の目を通して日本社会、文化を考えることが学習目標といえます。**テーマを設定するときも学習者の視点を取り入れる**ためにアンケートをとったり、事前にディスカッションしたりしてみましょう。

教師は自分の「ステレオタイプ（思い込み）」に気付いておこう

　下記の例のように、日本語母語話者は、長い学校教育や社会生活を通じて日本文化に慣れているので、無意識に「これが日本文化だ」「これは日本らしい習慣だ」と思い込んでいるものです。

例 日本語母語話者が捉える日本文化と学習者が捉える日本文化の違いが見える会話

母語話者：（学習者がはしを使ってじょうずにそばを食べているのを見て） 「まあ、おはしが使えるの？　じょうずねえ」	日本独特の道具であるはしを、外国人が使うのは難しいはず、と思い込んでいる
北米出身の学習者： 「小さいころから使ってますけど…」（困惑）	北米では寿司や中華料理等、はしで食べる料理は身近にあるので、はしに慣れている人は多い

　日本語教師になった今は、**そうした日本社会では常識と言われていることも、一歩引いて客観視する**習慣を付けてみましょう。例えば、食べるための「はし」は、日本料理だけでなくアジア圏でも同様に道具として使われていますし、最近は世界中で寿司ブームやラーメンブームが起こり、日本に直接関係のない人たちも日本食を食べる時代です。こうした日々の情報にもアンテナをはり、思い込みだけでテーマや題材を一方的に決めることのないようにしたいものです。

学習者自身が「自分にとっての日本文化・社会」を考える機会にする

　日本事情・日本文化の授業では、教師や日本語母語話者にとっての日本文化を「教える」のではなく、学習者自身が「自分にとって日本文化、社会とは何か」を考える場として捉えてみましょう。ステレオタイプではなく、自分にとっての日本文化を深く考えることによって、より日本文化が身近に感じられ、学習意欲にもつながっていくはずです。

3 ここがポイント！

> 日本の伝統的な食事についてただ調べるのではなく、例えば、「日本での思い出の食事」を思い出して作文を書きクラス内で共有したり、周囲の人に「私のふるさとの味」をインタビューして人と地域のつながりを考えさせる等、学習者自身の体験を通して課題を考えられるような活動を取り入れてみましょう。

42 日本事情の授業②　母語 すべての言語　レベル 不問　クラス規模 10人程度

「課外活動をどう学習につなげたらいいか、わかりません。」

課外活動をすることになりましたが、どんな所へ行ったらいいか、わかりません。課外活動を決める際のポイント等があったら教えてください。また、せっかく課外活動をするのですから、それを日本語の学習につなげたいとも思っています。課外活動とリンクさせた授業の組み立て方についても知りたいです。

1 ココに注目！

- ☐ 日本語を学ぶための課外活動には、どのようなものがあるでしょうか。「見学、体験、観賞」の3つに分けて考えてみましょう。
- ☐ 課外活動を行うにあたって、教師はどんな手順で進めればいいですか。
- ☐ その活動のために、教室ではどんなことを学んでおくといいでしょうか。

2 解決法

　日本語学習の一環として、課外活動を行うことがあります。これは、学期中に一度だけ行うこともありますし、日本文化体験をメインとしたコース等では、複数回行うこともあります。課外活動は大きく「見学、体験、観賞」の3つに分けて考えることができます。それぞれどのようなところへ行くのか具体例を見てみましょう。

例
- **見学**：博物館、新聞社、工場、テレビ局、酒蔵、相撲部屋等
- **体験**：茶道、いけばな、書道、和楽器演奏、お花見、和菓子作り、武道、浴衣着付け、盆踊り、食品サンプル作り、防災館での災害体験（→p.162）等
- **観賞**：歌舞伎、能、文楽、舞踊等

　どこで、どんな活動をするかは、学習者の興味やニーズ、レベル、人数、学校からの行きやすさ、所要時間、予算等を考慮し決定します。見学や体験の際は日本語のみでの説明になることも多く、レベルに合ったものを選ぶ必要があります。もし通訳が付けられるのであれば日本語力に関係なく選べるので、体験の幅も広がるでしょう。

課外活動を行う際の手順を考える

課外活動を行うことが決まったら、教師は以下のような手順で活動の流れを考えます。

| ① 行く所を決める（教師や教育機関で決めることもあれば、学習者との話し合いで決めることもあります） | → | ② 予約が必要なものはアポイントメントをとる | → | ③ クラス内でプレタスクを行う | → | ④ 課外活動の引率をする | → | ⑤ 課外活動のまとめをする |

この中で学習者が関わるのは③と⑤ですが、学期の終わりにみんなで楽しむために行くのであれば③と⑤はしないこともあります。しかし、日本語学習の1つと捉え、課外活動と連動した授業を組み込むのであれば③と⑤を行います。では、③と⑤ではどんなことをすればよいのでしょうか。

活動例1 クラス内でプレタスクを行う
- 活動のテーマ（行く所）について話す
- 関連語彙を学ぶ
- 自分の国との比較
- テーマに関連する動画を見る

活動例2 課外活動のまとめをする
- 体験したことを話す（例：ディスカッション、スピーチ、プレゼンテーション）
- 書いてまとめる（例：文集、ポスターに書き発表）
- さらに調べる

課外活動を活かした学習は工夫次第でいくらでも広げ、深めていくことができます。百聞は一見に如かず、実際に見たり聞いたり体験したりしたことは、教科書で学んだことよりもずっと多くのことを体感できます。

3 ここがポイント！

> 学習者の興味、レベル、人数、利便性、所要時間、予算等を考えて課外活動を決めます。課外活動前の準備、あとのまとめを充実させてみるといいでしょう。

42 課外活動をどう学習につなげたらいいか、わかりません。

> **コラム** 課外活動の実例紹介

　ここでは課外活動をどのように進めたらよいのか、「文化活動：防災館へ行こう」という授業を例にとって紹介します。対象は中級クラスです。

1. 防災館へ行く前に（90分×2コマ）

　事前に防災に関する言葉を学習し、日本の災害やその備えについて学びます。日本の災害に関するビデオや動画を見せるのもいいでしょう（ただし、災害に関するビデオや動画を選ぶ際は、学習者のメンタル面への影響を十分考慮してください）。

　授業の最後には、防災館での注意事項を確認します。

教材例（→p.216）

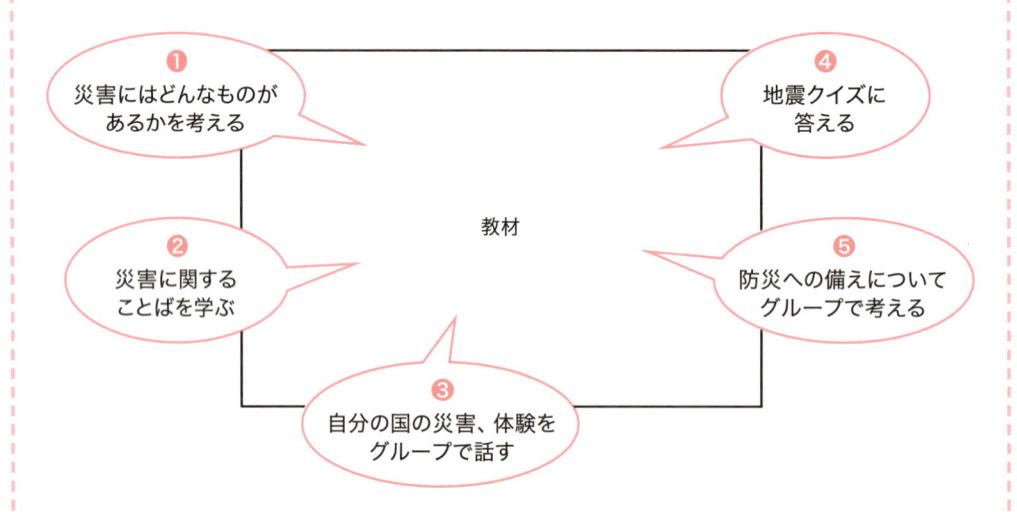

```
         ❶ 災害にはどんなものが           ❹ 地震クイズに
            あるかを考える                    答える

         ❷ 災害に関する        教材        ❺ 防災への備えについて
            ことばを学ぶ                      グループで考える

                    ❸ 自分の国の災害、体験を
                       グループで話す
```

2. 防災館へ行く

　学習者といっしょにいろいろな体験をします。防災館では日本語のみの説明になりますので、説明が難しいときは教師がサポートしましょう。

3. 防災館へ行ったあとで（90分×2コマ）

①「防災ビデオ」を作る

防災館での体験を話し、それをもとにグループで「防災ビデオ」を作ります。ビデオの構成を全体で確認し、各グループでシナリオを作り、練習し、ビデオを撮ります。

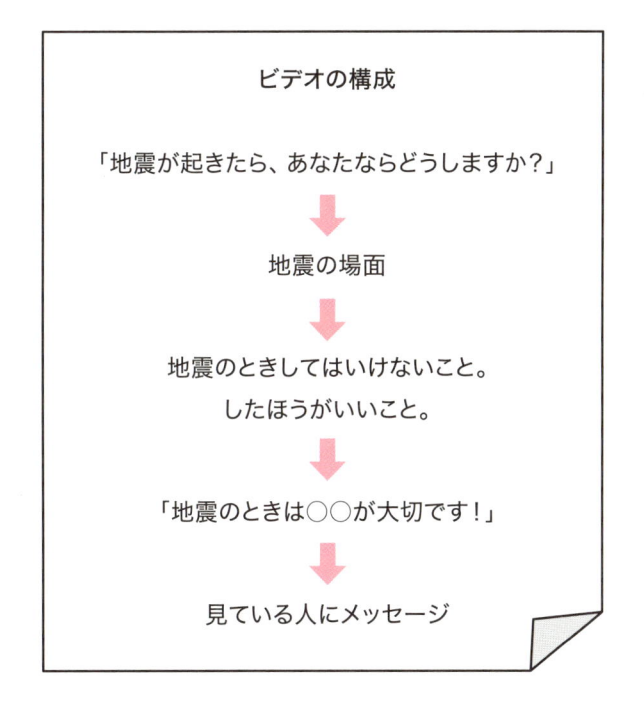

```
ビデオの構成

「地震が起きたら、あなたならどうしますか？」
          ↓
       地震の場面
          ↓
   地震のときしてはいけないこと。
     したほうがいいこと。
          ↓
  「地震のときは○○が大切です！」
          ↓
     見ている人にメッセージ
```

②ビデオができたら、鑑賞会を開こう！

観賞後は、評価シートを配布して、クラスメートのビデオを見てよかった点、改善したほうがいい点を記入します。同じシートで自分の評価も行います。評価シートは回収し、後日、教師のコメントとともに各学習者に渡しましょう。

＊ 防災館での体験は事前に予約が必要です。教師は防災館までの行き方なども調べておき、学習者をすみやかに引率できるようにしましょう。

第3章

クラス運営、ココで困った!

3章では、クラス運営に関わる問題を、教師側に起因するもの、学習者側に起因するものに分けて解決策を探ります。クラス規模、年少者、ビジネスパーソン等、対象別の授業の組み立て方のコツもお教えします。

01 教師側の問題① 母語 すべての言語 レベル 初級以上 クラス規模 不問

「授業中、学習者の突然の質問に答えられないことがあります。」

授業中に、突然学習者に質問され、その場で急に答えられないことがあります。例えば、先週は急に「『たら』と『と』の違いを教えてください」と質問され、すぐに答えられず、困惑してしまいました。教師としていつでも答えられるようにしなければと思いますが、このような急な質問にどのように対応すればよいのでしょうか。

1 ココに注目！

- ☐ 学習者の質問には、その疑問を持つきっかけがあったはずです。どうしてその疑問を持ったのか、原因を理解しようとしましたか。
- ☐ 学習者はどのような答えを求めていたと思いますか。
- ☐ 先生はいつでも何でも説明する「説明マシーン」でいいでしょうか。

2 解決法

学習者の質問の背景には、疑問が浮かんだ**原因、きっかけ**が必ずあるはずです。例えば、上記の学習者の場合、授業では別の文型を勉強していたのに、何がきっかけで「たら」や「と」が気になり始めたのでしょうか。

こうした**質問の元にある疑問のきっかけの理解に努める**ことで、どのようにすればよいかわかります。

> **Point**
> - 期待されている答え（＝内容）
> - 内容のボリューム（＝かかる時間）
> - 現時点で扱っている内容との関連性（関連性があれば今説明できる）

期待されている答えの内容が予測できれば、説明にかかる時間や緊急性も予測することができるので、回答するのに適切な時期はいつかを検討することができます。例えば、「たら」と「と」の、それぞれの用法と違いを説明してほしいという内容であれば、その場で中途半端に答えてしまわず、関連する授業の中でしっかり説明を行う方がよいかもしれません。他方、「たら」と「と」の用法は理解しているが、２つの違う点だけ知りたいということであれば、違いがよくわかる例文を次回までに準備し、手短に説明する方向を選択することができます。

先生は何でもかんでも説明できなくてもいい

　学習者が自主的に疑問点を発見し、積極的に質問してきたら、その意欲を学習者の自律学習に結び付けたいものです。先生がいつでも何でも説明し、学習者はそれを受け止め理解するという一方向の流れが学習とは限りません。学習者の思考、想像力を活用しながら、**学習者自身が解答を導いていくのを支援する**のも、日本語教師の役割の1つです。時には、学習者の質問について、学習者自身に調べさせてみましょう。学習者同士で知っている知識を教え合うのも印象に残りやすく、効果的です。この場合、疑問に思う方だけでなく、教える方も持っている知識を改めて整理する必要があるので、他の学習者に教えることによって理解が進むという効果も期待できます。

授業中の突然の質問への対応例

　授業内容に関連している質問であれば、できるだけ**関連付けて回答する**とよいでしょう。初級クラスで文法用語を使って説明しにくい場合は、**例文を作って比較してみせる**とわかりやすくなります。

例

> 状況：条件の「〜と」の導入練習をしていたら、「『〜たら』も聞いたことがあるが、『〜と』とどう違いますか。」という質問が突然出てきた。

↓

> 対応：「〜と」と「〜たら」を置き換えても意味合いが変わらない例文と、置き換えると意味合いが変わってくる例文を示し、それぞれの意味の特徴を明らかにしてみせる。
>
> 例文：「ドアを開けると、ネコがいました。」（発見）
> 　　　＝「ドアを開けたら、ネコがいました。」（発見）
> 　　　「ドアを開けると、左にトイレがあります。」（いつも左にトイレがある。変わらないこと）
> 　　　≠「ドアを開けたら、左にトイレがあります。」（発見）

↓

> 説明：例文のように、「〜と」には「変わらないことを説明する」意味があるが、「〜たら」にはその意味はない。

3 ここがポイント！

> クラス授業の場合、授業の文脈とは関係ない質問にその場で答えることは、そもそも時間の制約上難しいことが多いはずです。無理にその場で答えを取りつくろうより、学習者が何に疑問を持ったのかを冷静にヒアリングした上で、必要な内容を整理し、別の機会に説明する方が正しい情報を伝えることができるでしょう。あるいは、「たら」と「と」に詳しい学習者がいたら説明をお願いしてみる、用法をよく示している例文をクラスで作ってみるなど、クラスを巻き込んだ活動に持っていくこともできます。

02 教師側の問題②　母語 すべての言語　レベル 初級以上　クラス規模 不問

「学習者の名前が覚えられなくて、教室での指示がもたもたしてしまいます…」

韓国で教えています。担当している中級の会話クラスは、30人ぐらいの学生が登録している大きなクラスです。開講して1カ月たつのですが、実は、学生の名前が覚えられなくて困っています。一番困るのは、教室で学習者を当てるときです。その都度出席簿で確認してしまうので、指示がもたついてしまいます。ベテラン先生は名前を覚えるために、どのような工夫をしていらっしゃるのでしょうか。

1 ココに注目！

- ☐ 名前だけを機械的に暗記しようとしていませんか。
- ☐ 普段から学習者と顔を合わせたコミュニケーションを心がけていますか。あいさつや声がけ等をしていますか。
- ☐ 各学習者の学習状況の理解に努めていますか。各学習者のよくできるところ、これからの学習課題等、それぞれの個性を理解しようとしていますか。

2 解決法

　心理学では、記憶には「エピソード記憶」と「意味記憶」の2種類があるという仮説があります。「エピソード記憶」は「思い出」、「意味記憶」は「知識」とも言えるでしょう。体験や具体例で覚えるのが「エピソード記憶」、数学のように公式を体系付けて覚えるのが「意味記憶」です。学生の名前を覚えるのが苦手な場合、どちらの記憶方法が有効だと思いますか。

　この場合、筆者はエピソード記憶をお勧めします。学習者のクラスでの活動の様子を観察することはもちろん、普段のあいさつや声がけを大切にすることで、学習者のエピソードが形作られ、自然と記憶につながっていくはずです。名簿とにらめっこして名前を覚えるよりは、学習者とコミュニケーションをとり続け、思い出を増やしていきたいものです。

　ベテランであったとしても、日本語教師は皆、発言や発表の機会を公平にしたり、教室活動を効率よくスムーズに行ったりすることを目的に、学習者の名前を覚えるためのいろいろな工夫をしています。あなたも自分に合った方法を考え、試してみましょう。

工夫例1 学習者一人一人の小型のカードを作る。表に名前を書き、裏に当てた回数等のメモを書き入れておく。

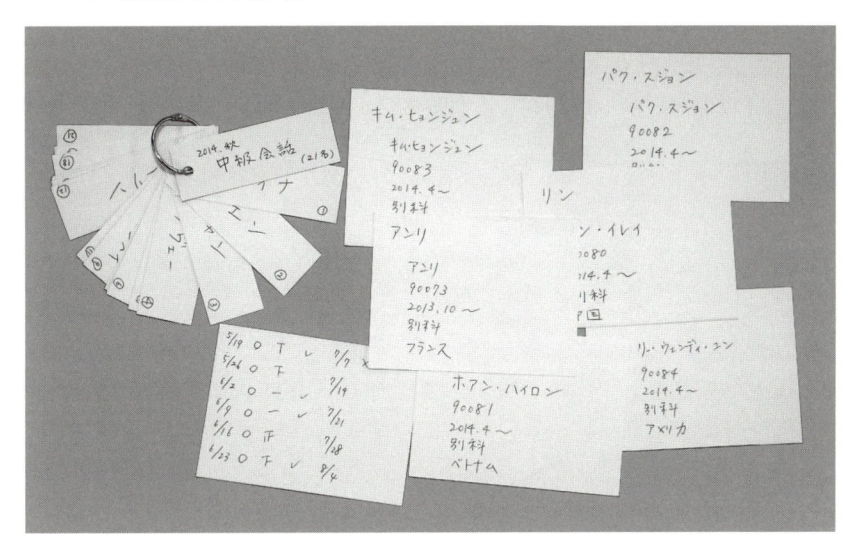

工夫例2 顔写真付きの名簿を作っておき、顔と名前がすぐに一致しやすいようにする。

工夫例3 「名簿」ではなく「席順表」を常に手元に置いておく。どこに座っているか、誰の隣か等、位置的に記憶する。

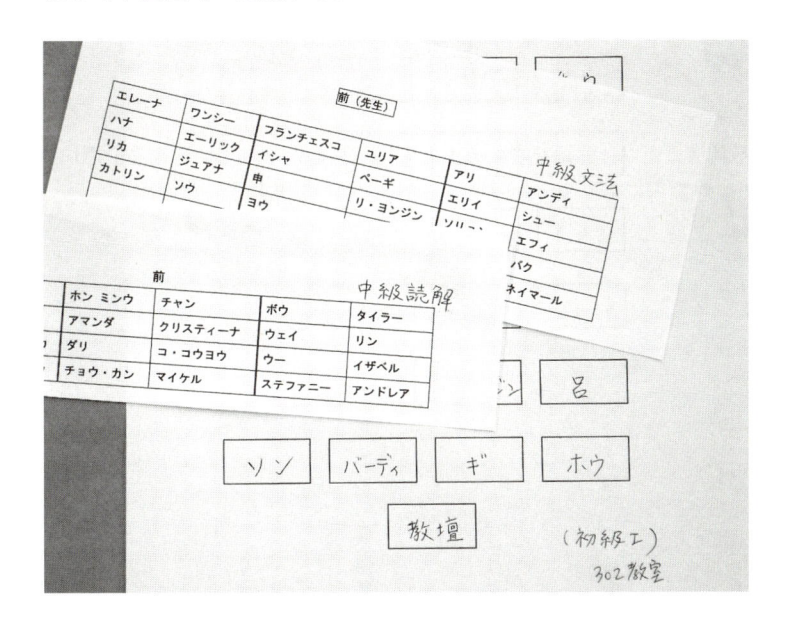

02　学習者の名前が覚えられなくて、教室での指示がもたもたしてしまいます…

工夫例4　グループ分けやペアの記録はExcel等で管理し、適切なグループ分けができるようにしておく（例：毎回同じ人が同じグループやペアにならないようにするとき）。

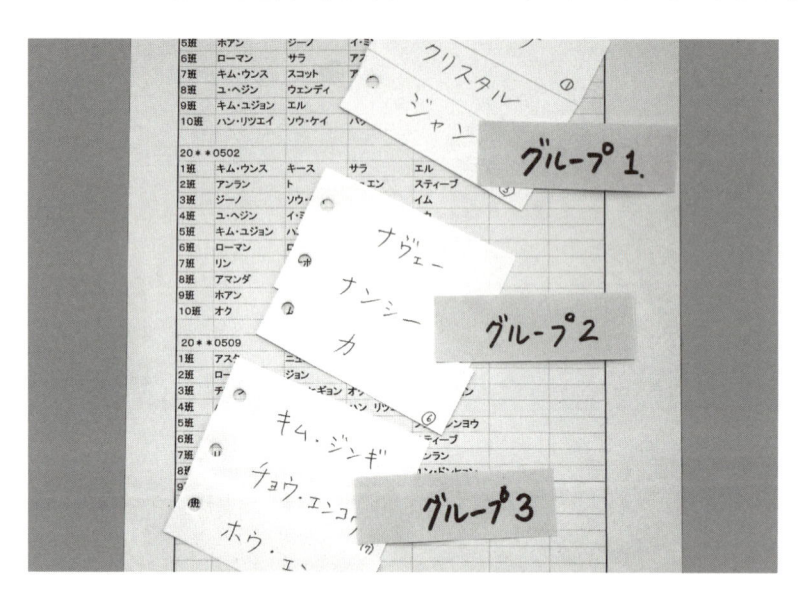

3 ここがポイント！

学習者を知ることは、授業を考える上で大切な基盤となっていきます。思い出をいっぱい増やしながら、学習者に寄り添った授業ができるといいですね！

コラム　大人数のクラスにおける活動の具体例

　大人数のクラスは、名前を覚えるのも大変ですが、どのような活動をしたらよいか、迷うことがあるかもしれません。ここでは、大人数クラスでの活動例を紹介しましょう。

クラス構成： 母語：すべての言語　レベル：上級　クラス規模：約50名
　　　　　　　回数：全15回
学習目標： 日常的な日本語によるコミュニケーション力を向上させる
授業内容： 受講生から「自分が日常で感じている日本語によるコミュニケーションの問題（例：言いたいことが伝えられなかった、こんなことを言ったら誤解された、日本語の文化で理解できないことがある、どう言っていいかわからないときがある）」のアンケートを取り、その中から特に共通している問題を毎回1つ取り上げ、コミュニケーション・ギャップの原因を分析し、解決法を導き出すためのディスカッションを行う
授業の流れ：
1. 全体でその日の課題の確認
2. 4～5人のグループでディスカッション
3. グループごとにディスカッションの内容をメモする（評価対象）
4. グループから全体に向けて自分たちの分析と解決法を発表（評価対象）
5. 自由な質疑応答＋教師からの情報提供、コメント
6. 問題だと申告した人たちからコメント（例：～という解決法に納得したのでチャレンジしてみる、～という解決法は難しそうだ）
7. ディスカッションの記録シートを提出
8. 宿題の確認（毎回、自分自身の分析と解決法を書いて次回に提出）

ディスカッションのテーマの例：
- 第一印象の良くなる話し方とは？
- 日本語でよく言う「空気を読んで話す」が理解できない
- 相手に不快感を与えないで反対意見を言うにはどうしたらいいか
- バイトの先輩と2人きりになったとき何をどう話していいか戸惑う
- 日本で親友がなかなかできない。話しかけ方や仲良くなるコミュニケーションの仕方を知りたい

03 教師側の問題③ 母語 すべての言語 レベル 初級以上 クラス規模 10人程度

「ペアの組ませ方が悪いのか、学習者が練習してくれません。」

母語が同じ者同士の方が協力し合えるので、会話練習で同じ国の学習者同士を組ませてみました。ところが、あるペアはまったく口もきかずに、それぞれ違う作業をしていました。あとから他の学習者から「あの2人は仲が悪い」という話を聞きました。ペアを組ませる際、どんなことに気を付けたらいいでしょうか。

1 ココに注目！

- ☐ ペアを組ませるとき、どのような人同士を組ませていますか。
- ☐ ペアを組ませる際に、気を付けていることがありますか（例：学習者の母語が同じ者同士、学習者のレベルがほぼ同じ）。
- ☐ あえて母語が異なる者同士、レベル差のある者同士をペアにすることもあります。そのメリットとデメリットは何だと思いますか。

2 解決法

通常、ペアワークを行うときは隣の人や近くに座っている人と組ませることが多いかもしれません。しかし、お互いに黙っている、話が弾まない、2人にレベル差があってペアワークができない等、問題が生じることもあります。性格が合わない、仲が悪いといった学習者はペアを組むときにできるかぎり考慮し、ペアワーク中も目を配るようにしましょう。その他、ペアを決める際に考えたい主なポイントは以下の通りです。

> **Point**
> - ペアの母語（または国）が同じ者同士か否か
> - レベル差があるか否か
> - 漢字圏同士／非漢字圏同士か否か
> - 学習者の性格（例：世話好き、プライドが高い、おとなしい、話し好き）

あえて「差」のある者同士をペアにしてみる

母語（または国）やレベル、また漢字圏同士等、学習者に共通項が多いときには、あまり問題が生じることはないかもしれません。わからないことがあれば母語で聞き合えたり、同じようなレベルの日本語を使って説明できたりするからです。しかし、あえて母語が異なる者

同士、レベル差のある者同士をペアにすることもあります。そのメリットとデメリットを考えてみましょう。

具体例1　母語（または国）が異なる人同士をペアにする

メリット：日本語のアウトプットが増える。相手の国に関しての新しい知識が得られる。
デメリット：わからないことがあった場合、理解に時間がかかる。
注意点：共通言語が日本語しかないため、活動内容を理解しているか、スムーズに活動が行われているか配慮が必要である。

具体例2　レベル差がある人同士をペアにする

メリット：学習者間で「教える―教えられる」関係がうまく機能すれば効果が得られる。説明する側にとってもいい勉強になる。
デメリット：教師以外の人に教えられるのは嫌だという学習者には不向き。
注意点：性格や学習スタイルを十分考慮する。プライドの高い学習者は教師とペアを組むという方法もある。

具体例3　漢字圏の学習者と非漢字圏の学習者同士をペアにする

メリット：一般的に漢字圏の学習者は目型*、非漢字圏の学習者には耳型*の人が多いと言われている。その特性を活かすと、それぞれに効果が得られる。

例　読解教材をペアで読む場合

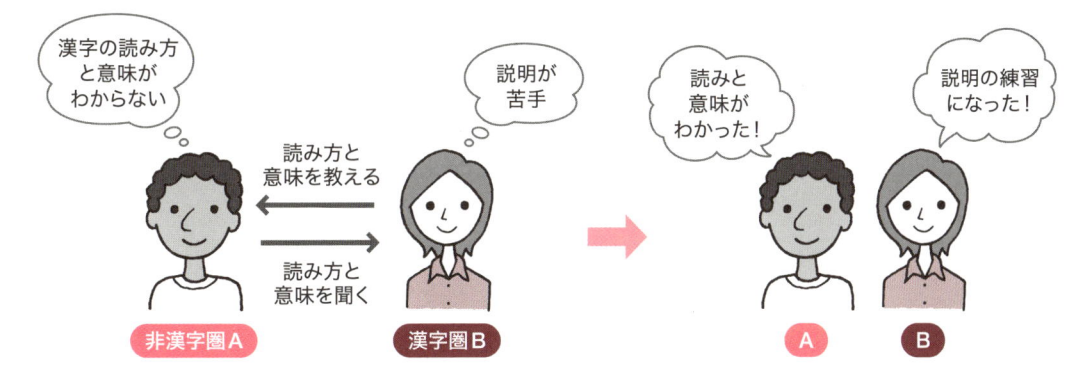

（非漢字圏A：漢字の読み方と意味がわからない ← 読み方と意味を教える／読み方と意味を聞く → 漢字圏B：説明が苦手　→　A：読みと意味がわかった！　B：説明の練習になった！）

デメリット：漢字圏の学習者の説明によって、非漢字圏の学習者がかえって混乱してしまうことがある。
注意点：説明がうまくできない学習者もいる。ペアではなく3人（漢字圏2人－非漢字圏1人）、4人（漢字圏2人－非漢字圏2人）のグループにする方法もある。

＊「目型」は文字を見て理解したり、記憶したりする人、「耳型」は聞いて理解したり、記憶したりする人のこと。

3 ここがポイント！

学習者の母語、国、レベル、漢字圏か非漢字圏か、性格等を考慮してペアの組み方を考えます。どうすれば学習がスムーズにできるかを考え、学習者の様子を常に観察するようにしましょう。

04 教師側の問題④　母語 すべての言語　レベル 不問　クラス規模 10人程度

「日本人ボランティアを うまく活用できません。」

クラスに日本人ボランティアに入ってもらえることになり、学習者たちは大喜びです。コミュニケーション力を伸ばす絶好の機会になると期待していたのですが、当日、日本人ばかりが話していて学習者の発話がほとんどないペアやグループがありました。ボランティアの人をうまく活用するために、どんな点に気を配ったらいいでしょうか。

1 ココに注目！

- ☐ 日本人がクラスに入ることで、どんなメリットがあるでしょうか。
- ☐ 日本人がクラスに入ることで、どんなデメリットがあるでしょうか。
- ☐ 日本人との会話で、学習者の発話が少なかったのはどうしてだと思いますか。
- ☐ 日本人ボランティアには事前にどんなことを知らせておくといいでしょうか。

2 解決法

日本人ボランティアをうまくいかすために、まずはそのメリットとデメリットについて知っておきましょう。

日本人がクラスに入ったときのメリット	日本人がクラスに入ったときのデメリット
・これまで学んできたことを試せるチャンス。 ・一般的な日本人の日本語はまさに「本物の日本語」。そこから新しい発見をしたり、難しさを知ったりできる。 ・日本人の考えを知ることができる。	・日本人の話すスピードが速かったり、言葉が難しすぎたりして理解できず、日本人ばかり話している。 ・日本人に意見がなくて話し合いにならない。 ・英語（学習者の母語）が話したくて参加する日本人もいる。そのため英語（学習者の母語）を多用する。 ・まるで教師のように語彙や文法の説明をして学習者を混乱させてしまうことがある。

学習者への対応

日本人と話す前の準備として、**そこで使う語彙や表現をあらかじめ学習**しておきます。そうすることで、自分が話したいことを伝えやすくなり、さらにそれが相手の話を理解する助けになります。

日本人ボランティアへの対応

工夫例1 学習者の国籍・レベルを事前に知らせておく

学習者の国籍やレベル等を事前に知らせておくといいでしょう。その上で初級ならば少しゆっくり話してもらう、できるだけ単文で話してもらう、逆に上級であれば、普段のままのスピードや話し方を心がけてもらうよう伝えます。

ここで注意したいのは、レベルの示し方です。一般的な日本人に「初級」と言ってもそれがどれぐらいのレベルなのかわかりませんから、具体的に示しましょう。クラスで使っている教科書を見せてもいいですね。

× このクラスは初級です。
○ 日本に来て半年です。ひらがなから始まって、テキストのここまで勉強しました。

工夫例2 活動内容と注意点を具体的に伝える

その日の**活動内容と、どのようなことをしてほしいのか**を具体的に伝えます。注意点等もしっかり伝えておくとスムーズに活動を進めることができます。

例 活動内容と「してほしいこと」

　　活動内容：テーマ「旅行」
　　ボランティアにしてほしいこと：
　　学習者は旅行に関する質問文をそれぞれ準備しているのでその質問に答えてほしい。また、学習者の旅行に関する経験についても聞くので、あらかじめ考えてきてほしい。
　　ボランティアに気を付けてほしいこと：
　　• 学習者から文法の質問があったら、説明をせずに教師を呼んでほしい。
　　• 英語（学習者の母語）は使わないでほしい。
　　• 学習者の発話を増やしたいので、できるだけ日本人から質問をしてほしい。
　　• 内容に関する学習者の質問には「わかりません」ではなく、きちんと自分の意見を述べてほしい。

3 ここがポイント！

学習者の発話が少なかった原因として、日本人の日本語が難しかったことや、日本人にしてほしいことが明確に伝わっていなかったこと等が考えられます。事前に関連語彙や表現を学習しておき、日本人ボランティアにも教室での活動内容や注意点を伝えておきましょう。

05 教師側の問題⑤　母語 すべての言語　レベル 中級以上　クラス規模 不問

「クラス内の日本語能力にレベル差があり、授業が予定通りに進みません。」

中級の総合クラスを担当しています。シラバスや教材は初級文型を勉強したという前提で作られているのですが、実際の受講生の中には、「テ形は知っているけれども用法は1つしか知らない」「使役や受身は勉強しなかった」「文型は知っているけれど会話はほとんどできない」といった学習者が混ざっていて、1つ1つにつまずいてしまいます。このように学習者の日本語能力のレベルにばらつきがあるクラスで授業を一斉に進めていいものか、悩みながら授業をしている毎日です。

1 ココに注目！

- □ クラスが始まるときにヒアリングや調査、面接等をしましたか。
- □ 授業に入ってからも、各学習者のレベルや進度の把握に努めていますか。
- □ レベル差を効果的に使った学習も可能です。例えば、どんな方法があるでしょうか。

2 解決法

　日本語能力の認定は各教育機関によって違いがあり、自分が所属している教育機関の認定をまず理解しておく必要があります。ただし自分が担当するクラスでの日本語能力の実際を知ることはまた別の問題で、教師が学習目標を設定したり具体的な学習方法を考えるための<u>ヒアリングや調査</u>は必要です。できれば授業開始の時期に、何らかの機会（クイズ、面談、会話、作文、アンケート等（→p.215）で現状把握に努めましょう。

　この調査結果から、未習の文法項目の共通点、会話力、文章力等の傾向が把握できるので、通常の授業に何の練習を補ったらいいか、何を復習したらいいか、個別指導は必要か、といった具体的な対策を立てます。例えば、会話力が弱い学習者が多いと知ることができれば、通常の活動を計画するときに、発話の多い活動を優先するといった判断ができるわけです。

レベルの把握に常に務める

　授業に入ってからも継続して、各学習者の日本語レベルの観察を続ける必要があります。**個々の学習者の進み具合を把握**するとともに、**そのクラスの日本語レベルの中間層を見つけ**、授業の難易度の調節やグループ分け（例：レベル的に中間の人を各グループの核に置く）の参考にするためです。例えば、テストやクイズの結果、会話の流暢さや正確さ、作文に使われている語彙や文法のバリエーション等の平均周辺に、クラスの中間層を見出すことができるでしょう。複数の機会を重ねて判断するほうが確かです。

レベル差を利用してみよう

　レベル差のある学習者がいるクラスでは、むしろ**レベル差を効果的に利用**して学習を進めることもできます。クラスの条件に合わせて活動を工夫してみましょう。

工夫例1　知識の違いを使った学習

　レベル差のあるクラスでは、それぞれの学習者が持っている知識の違いを活かした活動を計画することも可能です。例えば、初級文型を復習するとき、通常なら教師が説明して学習者が練習するところを、すでに理解している学習者たちに説明や練習問題を担当させるという活動が考えられます。練習問題を作るのも既習学習者にとってはよい復習になります。

工夫例2　相互学習

　それぞれのアイデアを出し合いながら1つの課題を完成させるタイプの学習（例：調査発表、演劇制作）は、知識に関係なく、それぞれの学習者の個性を活かすことができる上、活動の過程でそれぞれ持っている知識が学び合えるので、お勧めの学習方法です。

学習者の自律学習を促す

　未習項目が特に多い、発話に慣れていない、漢字語彙を知らないといった個別の問題の場合は、本人と相談の上で自律学習を促す（例：個別の宿題や課題を課す、図書の推薦、適切な講座の受講を勧める）方法もあります。

3 ここがポイント！

> クラスの印象だけに頼らず、学習者の日本語能力のレベルにどのようなばらつきがあるのか、具体的に把握するための調査、面談、観察を試みましょう。それらの資料をもとに、通常の授業に何を補足したらいいか、どの学習者に個別指導したらよいか、整理をしていきます。

06 教師側の問題⑥　母語 すべての言語　レベル 初級以上　クラス規模 不問

> 「質問を繰り返したら、学習者を困惑させてしまいました…。」

作文の時間に、学習者の書いた文の意味がわからなかったので、クラスメートの前で「これはどうしてこう書いたの？」「どういう意味？」と、質問を繰り返しました。しかし、その学習者はびっくりしてしまったのか、押し黙り、ついには泣き出してしまいました。やさしい口調で聞いたつもりだったのですが、怖がらせてしまったようです。この場合、どのように質問したらよかったでしょうか。

1 ココに注目！

- ☐ 自分が外国語を勉強するときに、どんなことを不安に思ったか、振り返ってみましょう。
- ☐ 教室で緊張してしまう学習者もいます。授業のどんな場面で緊張しやすいと思いますか。想像してみましょう。
- ☐ そうした学習上の不安は、それぞれどのように消すことができるでしょうか。

2 解決法

教育心理学の理論では、外国語学習者の抱える不安には次のようなものがあると言われています。

> **Point**
> - 言語目標に対する不安
> - 目標達成に対する不安
> - 間違うことへの不安
> - 恥をかくことへの不安
> - 能力不足に関する不安

学習者が安心して学べる環境をつくろう

まず、教師は、学習者が日本語という外国語の学習にあたって上記のような様々な不安を抱えている可能性があることを理解しておく必要があります。その上で、学習者が未知の学習に安心して取り組めるような環境が整えられているか、次のような確認点をもとに点検してみましょう。

確認点1 学習者の既習の言葉を使って話をするように心がけているか。学習者の理解を確認してから次のステップに進んでいるか

　学習者がわからない言葉をつい使ってしまっていませんか。「この文の意図は何？」「理由は何？」と初級の学習者に聞いても、「意図」や「理由」といったキーワードがわからなければ、ただ混乱し責められているように聞こえてしまうかもしれません。

　また、わからない言葉が続くと、「このクラスについていけるだろうか……」等と自分の能力不足が心配になってくる学習者もいます。教師は自分の言葉が理解されているかどうか確認しながら話すように心がけましょう。

確認点2 活動の目的を明確にしているか

　学習者は間違ったまま進んでいくことに不安を覚えるものです。また、自分が今何のために行動しているのか、活動の目標が見えないことも、心理的不安を増大させていくと言われています。今、行っている活動の目標は何か、成果はどのようなものになるのか、活動の最初にはっきり説明し、学習者の不安のハードルを少しでも下げましょう。

確認点3 間違いが恥ずかしくないようなクラスの雰囲気を普段から作っているか

　クラス授業の場合、クラスの雰囲気作りも学習不安の軽減に役立ちます。例えば、クラスメート同士で解答をチェックし合う活動を普段から多く取り入れ、間違いを公開することに慣れさせることもできるでしょう。また、長時間外国語に集中することは、想像以上に疲れるもの。意識的にリラックスの時間（例：朝のあいさつの時間、自由会話の時間、本音を出せる時間、身体を動かす時間）を取るように心がけたいものです。

3 ここがポイント！

> 意味のわからない文があった場合は、その部分だけに注目して「この文の意味は？」と問い詰めず、例えば、まず意味がわかる文に同意を示す、あるいは、作文全体の方向性の正しさを確認する等して、学習者が学習の目標達成の手応えをつかむきっかけを作るとよいでしょう。その上でわからない箇所の確認を行うという段階を踏むことで、問いただすような印象の質問は避けられるはずです。

07 教師側の問題⑦ 　母語 すべての言語　レベル 初級以上　クラス規模 不問

> 「初級の学習者に活動の説明をしてもわかってもらえず、混乱を招いてしまいます。」

初級の学習者にクラス活動（ペアワーク等）の手順について説明するとき、丁寧にゆっくり説明しているつもりなのですが、上手く伝わっていないようです。学習者が説明の途中で不安そうにざわざわとし始めたり、活動を始めてもきちんと手順が伝わっていないことが多くあったりして、困っています。

1 ココに注目！

- ☐ 教師が一方的に話し、1回話すだけで完結させようとしていませんか。
- ☐ 学習者の聞いているときの様子や小さな反応を見逃していませんか。
- ☐ 教師側の話しやすさや論理を優先しすぎてはいませんか。

2 解決法

　長すぎる一方的な説明は必要な情報が埋もれてしまう恐れがあります。特に初級クラスの場合、リスニング能力も個人差が大きいため、長すぎる説明は混乱を招くことが多いものです。よって、**学習者とのコミュニケーション（やりとり）**の中で、学習者個々の理解を確認しながら、**徐々に理解を深めていく**という理解のプロセス（過程）を作ることが重要になってきます。

わかりやすい説明の仕方

　長すぎず、一方的にならない、学習者の立場に立ったわかりやすい説明の具体例です。

説明例1　**文語体（堅い、古い言葉）や漢字語彙を避け、口語体やひらがな語彙等を使う**

　特に、理解している漢字語彙が少ない学習者の場合は、学習者が知っている語彙を理解し、できるかぎりそれに置き換えて話す方が理解しやすくなるでしょう。

> 例 △ 教師：あなたの日本の旅行体験を口頭で説明してください。

> ○ 教師：日本に来たことがありますか。どこに行ったことがありますか。話してください。

また、主語と述語が明確になるように、倒置*は避けましょう。

説明例2 過度な修飾語（形容詞、名詞修飾等）は避け、短文を積み重ねる

過度な形容詞や名詞修飾をできるだけ避けて話す工夫が必要です。特に初級の場合、語彙や文法の知識もまだ少ないため、修飾語を付ければ付けるほど未修項目が多くなり、肝心のことが聞き取れなくなってしまうことがあります。

> 例 △ 教師：きのう初めて勉強した問題は皆さんにはすごく難しかったかもしれませんが、今日もがんばってたくさん勉強しましょう！

（学習者を励ましているつもりでも、肝心の「今日、何をするか」がわかりにくい。）

> ○ 教師：きのうの問題は難しかったですか。
> 学習者：はーい。
> 教師：そうですか。では、きのうの問題を復習しましょう！

（「今日やること」が明確に伝わる。）

説明例3 略語やくだけた言葉、流行り言葉は不自然にならない程度に避ける

一般的には、学習者が辞書で確認しにくい略語や過度にくだけた言葉、流行語は、教室での説明では避けましょう。

> 例 △ 教師：ていうか、これじゃ、まじ、わかんないっすよね。どうっすか。

> ○ 教師：これはわかりますか。わからないですか。

説明例4 視覚情報を利用する

活動の仕方を言葉で説明するだけではなく、教師が活動を実演して見せたり、絵カード等を使って具体的な活動の手順を視覚的に見せることで理解を促す方法も初級では有効です。黒板（白板）、ノート、紙等、教室にあるものを適宜利用してみましょう。

07 初級の学習者に活動の説明をしてもわかってもらえず、混乱を招いてしまいます。

説明例5 1回話して伝わっていないときは、同じ内容を違う言い方で言い換える

　学習者とコミュニケーションを重ね、相手の理解を確認しつつ、それに合わせて言葉を言い換えながら説明を段階的に進めていく方法もあります。

例
教師：	おいくつですか？
学習者：	おいくつ・・・？
教師：	なんさいですか？
学習者：	20歳です。

推測：敬語の「お〜」を知らないかも？
対処：敬語を使わない言い方に言い換える

例
教師：	ここにノートを持って来て置いてください。
学習者：	？（ノート？　持つ？　来て？　置く？）
教師：	あ、ノートを持ってください。
学習者：	はい。（ノートを持つ）
教師：	ここに来てください。
学習者：	（行く）
教師：	ここに置いてください。
学習者：	（置く）

推測：「持って来て置く」が文法的に理解できていないかも？

対処：「持ってください」を「持つ」「来る」「置く」に分けて説明し直す。

＊「倒置」とは、「私は行く。」ではなく、「行く、私は。」のように反対にすること。

3 ここがポイント！

　ペアワークの手順の説明は、手順を示した図やカード、板書等の視覚情報（説明例4）を用意し、視覚的に手順を見せながら、活動の要点を絞り（説明例2）、学習者の理解の様子を確認しながら進めるとよいでしょう。

> **コラム** 私が新米教師だった頃④：
> 学習者を見る余裕がなかった
>
> 　現場に出て経験を積むにつれ、学習者の様子や教室の中で起きていることにも目がいくようになりますが、新米だった頃の私は、教案をこなすことに一生懸命で、導入や練習の仕方にばかりとらわれていました。学習者一人一人に目を配る余裕等ありませんでした。
>
> 　学期末テストが終わり、次のクラスに向けての面談を一人一人に行っていたときのことです。筆記テスト、インタビューテストともに結果が悪く、日本語の基本構造自体わかっていない学習者がいました。いっしょにクラスを担当していた先生と相談し、その学習者にはもう一度同じレベルでの学習を勧めました。話を聞いて学習者は「自分は予定通り進級する。たまたまテストができなかっただけで、自分はぜんぶ理解している」と怒り出してしまいました。普段はとても穏やかそうに見えた人だったので、とても驚きました。
>
> 　学習者の学習状況を把握し、それに対して配慮のある態度で接していたら、学期途中で何かしらの支援ができていたのではないかと今になって思います。日本語教師の仕事は、日本語の文法や言葉を教えるだけではないのだということを、このときに理解しました。
>
> 　このことがあってから、授業後の振り返りとして学習者一人一人の様子を簡単に記録してみることにしました。すると、発言が多いムードメーカー的な存在の学習者についてはすぐに書けるのですが、毎回1人か2人、なかなか思い出せない人が出てきました。自分としては学習者全員を見ているつもりでも、それは「つもり」でしかなかったのです。この振り返りを続けていくうちに、あまり目立たない学習者にも目が届くようになり、クラス全体も見渡せるようになってきました。
>
> 　学習者に寄り添ったクラス作りができるよう、今は心がけています。(鴻)

3章　クラス運営、ココで困った！　教師側の問題⑦

08 学習者側の問題①　母語 すべての言語　レベル 初級以上　クラス規模 不問

「学習意欲の低下に悩まされています。」

学期も半ばになり、スランプに陥る学習者も多く、クラス活動に活気がなくなってきてしまいました。毎日遅刻してくる、必要な課題を提出しない、テストの点がいつも悪い、日々の宿題をしてこない、ノートを全くとらない、授業中に内職や居眠りをしている等、全体的に学習意欲が低下していると言っていいと思います。こうしたクラスの状況にどのように対応したらいいでしょうか。

1 ココに注目！

- ☐ 学習目標が共有されていますか。途中で迷子になっている学習者はいませんか。
- ☐ 教室で出す課題が学習者の実感の持てる内容になっていますか。
- ☐ ステレオタイプや噂等で学習者を判断してしまっていませんか。
- ☐ 学習者に声がけをしていますか。話を聞いて理解に努めていますか。

2 解決法

　日本語学習者にはそれぞれの事情、生活があり、各々の事情を本当に理解することは難しいものです。その意味で、スランプや、やる気の低下の原因を真に突き止め解決することは難しいと言わざるを得ませんが、日本語教師は学習の支援が役割ですから、**学習支援としてこの問題に対応する**ことはできるはずです。

対応例1　学習者と学習目標や到達点を確認し、現在地を明らかにする

　まず確認したいのは、現在の**勉強の到達点が自覚できているかどうか**です。外国語の勉強は大変な労力と継続する精神力が必要ですから、いったい自分がどこに向かっているのかがわからない、進歩している手応えがない状態が続くと、疲労感、徒労感ばかりが募り、スランプに陥りやすくなります。まず、クラスの学習目標を共有できているか、自身の到達点を見失っていないか、クラス全体あるいは個別で確認する機会を持つとよいでしょう。

対応例2　時には本音を書いたり言ったりできる課題を出してみる

　具体的にどのようなことにつまずいているのかを探り、解決に導く道筋が作れるとよいでしょう。例えば、学習意欲低下の原因を学習者自身でも分析できるように、**学習者の本音が表現できるような課題**を出してみるのも1つの方法です。通常の教科書の練習問題や課題は一般的なテーマであることが多く、実感が持てない場合もあるので、時には**自分の気持ち、感情、思い出、希望等が率直に表現できるような課題**を出してみましょう。

> **例** 自分にとって大切な人やものについて書くことによって、自分の中の価値観を見つめなおす。
>
> **例** 学校の近くのお勧めの店をインタビューし、その店をみんなに紹介する活動を通して、自分の今の生活を振り返り、地域や人とのつながりを実感する。

対応例3 ステレオタイプや噂に惑わされず、学習者の話をよく聞いて理解に努める

学習者のスランプや学習意欲の低下を考えるとき、教師の姿勢として避けたいのは、学習者を出身地のステレオタイプや出回っている噂等で判断してしまうことです。曖昧な情報で支援を考えるのではなく、目の前の学習者が言っていることや言いたいことをしっかり聞いて理解しようと努め、納得した情報をもとに支援の道筋を考えたいものです。

3 ここがポイント！

> 遅刻、課題や宿題の提出、テストの点、授業中の内職や居眠り等、態度については１つ１つ注意することはできますが、全体的な学習意欲の低下が感じられるときは、クラス全体として学習目標の再確認や授業中の課題を工夫する等、学習支援の１つとして対応することも考えてみてください。

コラム　入管法について理解しておこう

学習意欲の低下の陰で、学習支援だけでは解決できない問題が起こっている可能性もあります。特に留学生として日本に滞在している場合は、家賃の滞納、保証人探しの困難、在留資格やビザの問題等、法律に関わるような問題を抱え、学習に集中できない状況が生まれているのかもしれません。日本語教師はこうしたケースを直接解決することはできませんが、教師として留学生の置かれている状況を理解するために、滞在に関わる法制度やその社会的背景について、理解はしておきたいところです。

まずは留学生に関連する法的制度として「入管法」があります。正式名称は「出入国管理及び難民認定法」、略して「入管法」と呼ばれています。日本の出入国管理及び外国人の在留資格やその手続き等について取り決めた法令ですが、その内容は社会情勢に合わせて少しずつ変更されてきています。留学生に関連する制度の変更もあるので、関係者は注意が必要です。例えば、2007年には入国審査での指紋採取と写真撮影が義務付けられました。2009年には外国人登録制度の廃止と在留カードの導入、そして、在留資格である「留学」と「就学」の一本化という大きな変更がありました。最近では2015年に在留資格の再整備が行われ、在留資格が33種類になるという変更があったばかりです。詳しくは入国管理局のHPまで (http://www.immi-moj.go.jp)。

09 学習者側の問題②　母語 すべての言語　レベル 初級　クラス規模 10人程度

「成績に関してのクレーム、感情的になる学習者への対処法は？」

学期末に学習者に成績表を渡しました。それを受け取った学習者の1人が「なぜ私はAではないのか」と少し怒った様子で文句を言ってきました。これまでのテストの点数等も示して説明しましたが「私は今までこんな成績をとったことがない。なんとかならないのか」と今度は泣き始めました。今さら成績を変えることはできないし、どう説明すればわかってくれるでしょうか。

1 ココに注目！

- ☐ 日頃から、学習者に提示するための資料を準備していますか。
- ☐ コース開始時に、評価項目や評価基準について、きちんと説明しましたか。

2 解決法

　成績についてクレームを言う学習者の多くは、自国でいつも大変優秀な成績をとっていた人、権威ある職業や役職についていた人等です。成績重視の国から来た人もこのような傾向にあります。これまでいくつか外国語を学んできてうまくいっていたのに、日本語は今まで学んできた言語と違い、なかなか上達しないというケースもあります。

　このような学習者に対応するためには、それまでの学習環境、学習者のバックグラウンドを教師が理解し、現状を伝え、納得させる必要があります。

日頃の学習状況を視覚的に示す

　成績についての質問やクレームにも対応できるように、普段から**学習者に関する資料**を作成しておきます。例えば、出席率を示すためには出席簿があります。また、出席簿とは別に、中間・期末テストや小テストの点数、課題を提出したかどうか等を書き込めるリストを作っておきます。Excel等の表計算ソフトを利用するのもよいでしょう。

　このようなリストは、学習者に説明する際に視覚的に、また客観的に示せるだけでなく、学期途中でも学習状況を把握できるので学習者への指導にも活用できます。

例 学習者の学習に関する資料

提出物に関する資料　　　　　　　　　　　　　　　　　　　　提出(1)　遅れて提出(0.5)　未提出(0)

氏名	L26 宿題	L27	L28	L29	L30	L31	L32	L33	L34	L35	作文①	作文②	作文③	作文④	提出回数合計(14)	%
リン	0.5	1	1	1	1	0.5	0.5	1	1	1	1	1	0.5	1	12	85.71
デイビッド	0.5	0.5	1	1	1	0	1	1	0	0	0	0	1	0	7	50
カン	1	1	1	1	1	0	1	0.5	0.5	0.5	1	1	1	0.5	11	78.57
キャサリン	1	1	1	1	1	0.5	1	0.5	1	1	1	1	1	1	13	92.85
ジョナサン	1	1	0.5	0.5	0.5	0.5	1	0.5	0	1	1	0	0	0	7.5	53.57

例 学習者に渡す成績表の例

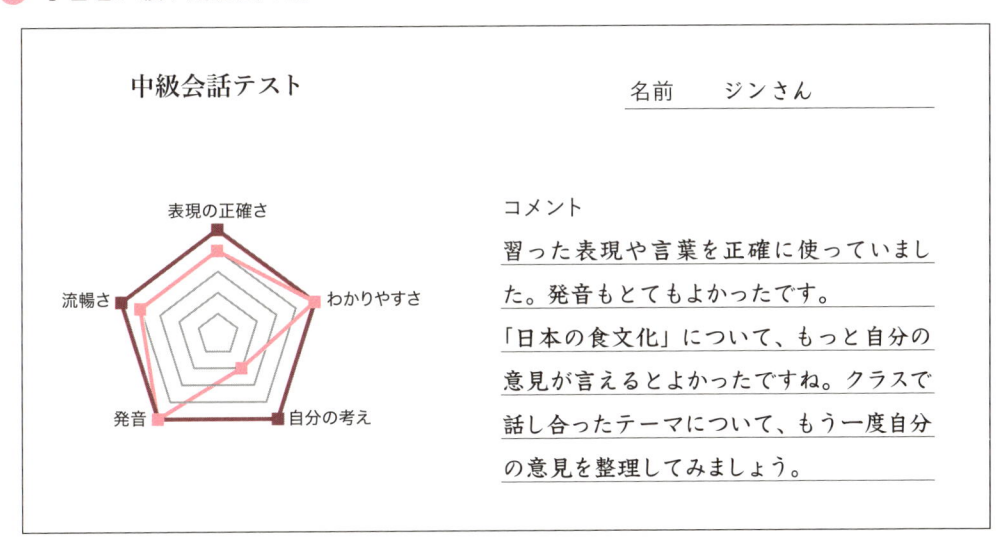

中級会話テスト　　　　　　　　名前　ジンさん

（レーダーチャート：表現の正確さ／わかりやすさ／自分の考え／発音／流暢さ）

コメント
習った表現や言葉を正確に使っていました。発音もとてもよかったです。「日本の食文化」について、もっと自分の意見が言えるとよかったですね。クラスで話し合ったテーマについて、もう一度自分の意見を整理してみましょう。

　このようなグラフは、学習者のいいところ、足りないところを視覚的に知ることができます。日本語のバランスを示しながら、「○○さんはこの部分が足りないからこの評価になりました。これからは、この部分をもっと頑張りましょう」というように話してみてはどうでしょうか。

コースが始まる前に評価基準を示しておく

　授業初日やオリエンテーションのとき、**評価基準についても説明**をします。何をどう評価するのかをあらかじめ示すことで、クラスの方針や学習目標なども伝えられます。このとき、口頭だけではなく、資料（次ページ参照）として配布しましょう。学期末に学習者からクレームが出たときには、その資料も手元において評価基準を再度確認しながら説明します。

09 成績に関してのクレーム、感情的になる学習者への対処法は？

例 オリエンテーション時の配布資料

日本語会話　2

◆　このクラスですること

日本語で いろいろなコミュニケーションをします。

たとえば、ディスカッション、インタビュー、レポートを書く・他の人のレポートを読む、発表する、などです。

◆　クラス活動の方法

> ① 自分のテーマを決める　例）「旅行」
> ② 自分のテーマについて考えて、小レポートを書く。必要があったら、調べたり、インタビューしたりする。
> ③ 小レポートに書いたことを、クラスメートに話す。クラスメートと先生は聞いて質問したり、コメントしたりする。
> ④ クラスで話したことをよく考えて、②の小レポートをもっと書く。
> ⑤ 最後に、完成レポートを書く。クラスで発表する。

◆　テキスト　　教科書はありません。文法などのプリントをあげます。
　　　　　　　　授業に辞書を持ってきてください。

◆　宿題とテスト　　毎週、小レポートの宿題があります。テストはありません。

◆　評価 Evaluation

1．小レポート Reports ・・・40%

　　　創造性 originality / 考察 consideration / 目標達成 achievement

2．最終レポート・発表　　Final reports and presentations　・・・30%

　　　創造性 originality / 考察 consideration / 目標達成 achievement

3．活動への参加　Performance　・・・30%

　　　創造性 originality/ 相互理解 mutual understanding /相互支援 mutual support

教室で感情をあらわにする原因は？

　成績に関してクレームを言ってくる学習者以外にも、以下のような理由で授業中に突然機嫌が悪くなったり、怒りだしたりする学習者がときどき見受けられます。

- クラスメートや教師の発言が気に入らない
- 練習が子どもっぽすぎてバカにされているような気がする
- 教科書にあるテーマや例文が気に入らない
    - 例 文化的背景が異なるため差別されていると感じてしまう
- 授業についていけなくてイライラしてしまう　等

　このような学習者は、次のような問題を抱えていることが多いものです。教師の対応例も示しておきましたので、参考にしてください。

学習者が抱える問題	教師の対応
・家庭の問題 ・ビザの問題 ・専門の勉強の問題 ・アルバイト先の人間関係	・教師は1人で問題を抱え込まず、**他の教師と情報交換**し、対応を考える。 ・できれば**個別に話し合う**機会を設ける。 ・ビザや住居のこと等で悩んでいれば、**所属する教育機関の事務局に対応してもらう**こともある。 ・学習者が状況や気持ちを伝えやすいように、学習者の**母語ができる人がいれば協力をお願い**する。

　このような学習者はだんだんとクラスに来なくなったり、来たとしてもクラス活動にはあまり参加しなかったり等の問題が生じてくることもあります。事態が悪化してくると、それがクラス全体に影響を及ぼすこともあります。常に学習者を観察し、おかしいと感じたら早めにケアができる体制を整えておきましょう。

3 ここがポイント！

> 出席状況やテストの点数、課題の提出等をリストにして、視覚的に学習者に示すといいでしょう。感情的になる学習者とは話し合いの機会を作り、彼らのバックグラウンド、学習・生活状況等を把握し対応しましょう。

10　学習者側の問題③　　母語 すべての言語　　レベル 初中級　　クラス規模 10人程度

「すぐに英語（母語）を使ってしまう学習者がいます。」

クラスでは基本的に英語や母語の使用を禁止しています。しかし、ディスカッションのとき等、話が盛り上がってくるとすぐに英語になってしまいます。一度英語になってしまうと、止めることができず、そのまま話させてしまうこともあります。このような学習者にはどのように対応したらいいでしょうか。

1 ココに注目！

- ☐ 学習者はどんなときに英語（母語）を使っていますか。
- ☐ そのとき、どうして英語（母語）を使ったのだと思いますか。

2 解決法

　　直接法の授業の場合、英語は絶対に使用してはいけないと決めつける前に、**まずはどんなときに学習者が英語を使っているかを観察**してみましょう。実は、教師の説明がわかりにくかったために英語を使っている可能性もあります。

学習者が英語を使う理由とその対処法を考えよう

　　学習者がどんなときに、なぜ英語を使ったのかを知った上で、その対処法を考えます。

場面1　**教師が説明しているとき**
- 教師の説明がわからない。
- 説明を聞いて、質問や疑問が生じた。
- 単なるおしゃべり。

➡ 対処方法
- わかったかどうかの確認をし、わかっていなければもう一度説明する。（→p.34）
- 単なるおしゃべりである場合は、教師の話を聞くように促す。

場面2　**みんなの前で発表するとき**
- 話したいが、語彙が少なかったり表現がわからなかったりしてうまく話せない。

➡ 対処方法
- まずは、単語を並べるだけでいいので、説明してもらう。その説明は身振り、絵を描く

等、なんでもよいことを伝える。そこから教師が文にしていく。他のクラスメートが協力して文にしてもよい。
- 話したいことを英語で言ってもらう。クラスメートの中に英語がわかる人がいればそれを日本語にしてもらう。

場面3　ペアやグループでディスカッションをしているとき
- 話したいが、語彙が少なかったり表現がわからなかったりしてうまく話せない。
- もっと詳しく深く話したいが、できない。
- 日本語で話すのが面倒だ。

➡ 対処方法
- 語彙や表現が難しい、説明するのが難しい場合には、学習者の話していることを聞きながら教師が「あなたが言いたいことは、こういうこと？」と確認しながら日本語にしていく。他のクラスメートが協力して文にしていってもよい。
- 説明が難しい、面倒だというときには、まずは英語で言ってもらい、それをクラスメートみんなで協力し合って日本語の文にしていく。

学習者：I want my sick friend to get well.
学習者：私のともだちはびょうきです。
学習者：げんきになりたいです。
教師：1つの文にしてみましょう「私はともだちに‥‥」

　グループではなくても、クラス全体で話しているときに学習者の1人が英語で発言したことをきっかけにみんなが英語になってしまうということもあります。そのようなときも、場面3のような対応ができます。学習者にとって、直接法の授業は、時にストレスフルなものです。英語ばかりが聞こえてくるとなると困りますが、限られた語彙や文法で限られたことしか言えないというより、**伝えたい内容を重要視して、それを伝えるためには英語や母語を使用してもよい**という考え方もあります。授業に関係があるおしゃべりだけでなく、関係のないことを英語で話しているときにも「今、何を話していましたか。私は英語がわかりませんから、日本語にして話してください」と促してみてはどうでしょうか。学習者は頑張って日本語で伝えてくれますよ。

3 ここがポイント！

「英語禁止！」と言う前に、学習者をしっかり観察してからその対処法を考えましょう。英語で盛り上がり始めたら、「では、それを日本語でお願いします」とクラス全体で日本語にしてもらうという方法もあります。

11 学習者側の問題④

母語 すべての言語　レベル 初級　クラス規模 10人程度

「ノートをとってばかりで、ぜんぜん口が動いていない学習者がいます。」

授業中、いつもノートをとっている学習者がいます。その学習者は、こちらが説明しているときはもちろん、会話練習のとき等もひたすらノートに書き込んでいます。「今は書かないで話しましょう」と促しても、またすぐに書き始めます。クラスではできるだけ学習者に話してほしいのですが…。

1 ココに注目！

- ☐ 学習者はどうしてノートをとるのでしょうか。
- ☐ ノートをとると、どのようなデメリットがあるでしょうか。導入のとき、練習のとき、活動のとき、それぞれについて考えてみましょう。

2 解決法

「書く」ことを習慣にしている学習者は、次のような理由でノートをとっている可能性があります。

- 書いて理解したいから
- 記憶するため
- 頭の中を整理するため
- あとで見直したいから
- 書いておくと安心だから

ノートをとるデメリット

ノートをとりながら授業を受けることは、その人自身の学習スタイルであり、決して悪いことではありません。では、ノートをとるデメリットとは何でしょうか。

例 導入のときに教師の説明や板書をノートに書いている
- 説明を聞いていないと、そのあとの練習についていけなくなってしまう。
- 聞き逃すと、教師がもう一度同じ説明をしなければならない。
- 聞いていなかった部分について隣に座っているクラスメートに質問する人もいる。他の学習者の学習の妨げになってしまう。

- **例** 練習のときに練習で出てくるキューをノートに書いている
  - 口を動かして練習していないと、結局は教科書やノートを見ながら活動を行うことになってしまう。
- **例** 活動（会話）のときに会話に出てくる言葉や表現を書き込んでいる
  - ペアワークにならず、相手の学習者の学習の妨げになってしまう。
  - 実際に言葉や表現を使わなければ話せるようにはならない。

ノートをとる学習スタイルの人の不安を取り除く解決策

　以上のことを踏まえて教師は対応していきますが、ノートをとるという学習スタイルを持つ人の場合、書かないと不安に感じてしまうかもしれません。そこで不安を取り除いてあげる必要があります。不安を取り除く解決法として以下のようなものがあります。

解決策1　ノートをとる時間を設ける

　何でも書いておくという学習スタイルの人以外でも、特に初級の場合には黒板の日本語を読んでそれをノートに書き写すという作業はとても時間がかかるものです。そこで、導入や練習のあとにノートをとる時間を設けます。

　前もって「あとで書く時間をあげます。今は聞いてください」と言っておくと学習者も安心して教師の説明や練習に集中できます。学習者にはひとまずペンを置くよう指示し、教師の方に顔を向かせ、説明を聞く準備が整ったことを確認しましょう。学習者がノートをとるために、導入や練習で使用した板書は残しておきましょう（→p.32）。

解決策2　プリントを配布する

　「あとでプリントをあげます。今は練習しましょう」と言って、プリントを準備しておく方法もあります。導入や練習の前にそのことを伝えておきます。

3 ここがポイント！

> あとでノートを書く時間を与えたり、プリントを配布したりする等、学習者が安心して説明や練習に集中できる工夫をしましょう。説明や練習の前に、そのことを前もって伝えておくといいでしょう。

12 学習者側の問題⑤　母語 すべての言語　レベル 初級　クラス規模 10人前後

「すぐ辞書に頼ろうとする学習者がいます。」

授業中、辞書ばかり見ている学習者がいます。その学習者は、私が文法や言葉の説明をしているときだけでなく、会話練習のときにもわからない言葉があるとすぐに辞書を引きます。私の説明をきちんと聞いてほしいですし、会話練習のときは話すことに集中してほしいです。やはり授業中は辞書を禁止にしたほうがいいでしょうか。

1 ココに注目！

- ☐ 学習者はどのようなときに辞書を使っていますか（例：新出語の説明のとき、読解のクラスで文章を読むとき、会話練習のとき）。
- ☐ 辞書のメリット、デメリットを挙げてみましょう。

2 解決法

学習者がどんなときに辞書を使っているかをよく観察して、自身の授業や説明の仕方を振り返ってみましょう。

学習者が辞書を使う理由

- いつでもすぐに辞書を使う場合：わからないことがあれば、その場ですぐに調べるという学習スタイルであるため。
- 教師が説明しているときに辞書を引く場合：教師の説明が難しすぎてわからないため。

教師側に問題がある場合には、説明の仕方等を改善していけば、学習者が辞書に頼ることも減っていくでしょう。

辞書使用のメリット・デメリット

辞書使用のメリット	辞書使用のデメリット
・自分で語彙を増やしていくことができる。 ・母語訳があると安心する。 ・抽象的な意味等は、早く意味を知ることができる。	・教師の説明を聞かなくなってしまう。 ・辞書には言葉の使い方までは書かれていないため、直訳の多い文を作ってしまう。 ・読解の際、わからない言葉を全て辞書で引いていると読み進められない。

辞書の使用は、メリット、デメリットを知った上で容認か禁止かを決定します。禁止する場合は、なぜ使ってはいけないのかを学習者に明示しましょう。

辞書を使わない授業づくり

辞書使用のデメリットは、次のような対応策で補うことができます。

対応策1　教師が易しい言葉を用いて説明できるようにする

学習者に即した例文を示すことで言葉の定着につながります。また、教師の説明を聞いて理解することを習慣化すれば聴解力の向上にもつながります。

例　「慣れる」
　　辞書の説明：　なんども経験した結果、特別なこととは感じなくなる。*
　　教師の説明：　おはしを使うとき、最初はとても難しかったです。
　　　　　　　　　上手にできませんでした。でも、今は大丈夫です。慣れました。

対応策2　辞書にはない、言葉の使い方は教師が例文を挙げて示す

　　教師の説明：　日本の生活に慣れました。
　　　　　　　　　（～に慣れました、と板書）「に」いっしょに使います。
　　　　　　　　　「慣れる」は2グループの動詞です。

対応策3　直訳による間違いは、その都度訂正していく

　　学習者の文：　私は今朝、熱い水を飲みました。(hot water)
　　教師の説明：　「熱い水」はお湯と言います。「熱い水」は言いません。
　　　　　　　　　私は今朝、お湯を飲みました。

対応策4　文脈から言葉の意味を推測する能力を養うように言う

読解の際は、わからない言葉があってもまずは辞書を使わず最後まで読んでみるよう指示します。

対応策5　言いたいことを対話しながら探していく

辞書には訳語がいくつも載っています。学習者がその中からぴったりの言葉を探し出すのは難しいことです。そのようなとき、教師は「どんなことを言いたいのか」を聞き、対話しながら適切な言葉を探していきます（→p.211）。

＊『例解新国語辞典　第六版』(三省堂) による

3 ここがポイント！

> 辞書の使用を認めるか否かは、辞書使用のメリット、デメリットを考えて決めます。学習者が辞書を引く原因には教師側に問題があることもあります。難しい説明をしていないか、自身の授業を振り返ってみることも大切です。

13 学習者側の問題⑥

母語 すべての言語　**レベル** 不問　**クラス規模** 10人程度

「授業が脱線してしまいます。」

「〜ませんか」という勧誘の文型を導入しました。「いっしょに映画を見ませんか」という文で学習者に話しかけて導入したのですが、「どんな映画ですか」「○○という映画を見ましたか」「私も見ましたよ〜！」等、学習者たちが次々に話し出しました。そのまま横道にそれて、しばらく雑談になってしまいました。このように、私の授業ではよく脱線してしまって困っています。

1 ココに注目！

- [ ] どんなことがきっかけで脱線すると思いますか。
- [ ] 脱線してしまった経験がありますか。そのとき、あなたはどうしましたか。
- [ ] 導入で脱線してしまったとき、どのようにしてもとに戻しましたか。

2 解決法

　学習者が脱線するきっかけとして多いのは、教師の説明が難しいとき、わからないことについて確認したいとき、また興味がある言葉や話題が出てきたとき等です。もしも学習者が他の話をし始めたら、それをしっかり制して、今、やっていることを明確に示して引き戻します。その状況によって対応の仕方は異なります。

脱線しやすい例とその引き戻し方

　脱線しやすい例としては、具体的に次のようなことが考えられます。
　導入のときは説明か雑談かはっきりわかるようにする、練習のときはテンポをよくして集中させるようにしましょう。

脱線例 1　普通の会話との区別がわかりにくい導入を行ったとき

例　「〜ませんか」の導入で

教師：	映画のチケットが2枚あります。でも友だちがいません。〇〇さん、いっしょに映画を見ませんか。
学習者1：	いつ行きますか？　私は来週は…
教師：	ちょっと待ってください。これは新しい文法の勉強です。「〜ませんか」は、いっしょにしたいです。他の人に「どうですか」と聞きます。このとき使います。

> 説明なのか、雑談なのか、はっきりわかるような導入を！

脱線例2　教師の説明に、新出語や難しい言葉があるとき

例　「(もし) 〜たら」の練習で

教師：	時間があります。世界一周旅行へ行きます。
	時間が<u>あったら</u>、世界一周旅行へ行きます。
	はい、皆さんで。
学習者1：	せかいいっしゅう…？　先生、せかいいっしゅう、何ですか？
教師：	○○さん、それはあとで説明します。今は練習しましょう。

> 練習はテンポが大切。新しい言葉や難しい言葉は使わないのが鉄則！

脱線例3　学習者が興味を持っている言葉や話題が出てきたとき

例　「(もし) 〜たら」の練習で

教師：	時間があります。旅行をします。
	時間が<u>あったら</u>、旅行をします。はい、皆さんで。
学習者1：	私は、まんがを読みますよ。
教師：	それはあとで聞きますね。今は練習しましょう。

> 練習はテンポとスピードでとにかく集中！

脱線はいけないことばかりではない！

　会話練習やディスカッションでは脱線することがよくあります。ペアやグループで違う話題について話していたら「○○については話しましたか」「〜さんの意見は？」等、もとの話題に戻るような声がけをします。その日の学習項目はきちんと終わらせなければなりませんし、脱線してだらだらと話し続けてしまっては困りますが、時には横道にそれるのもいいかもしれません。というのも、**横道にそれたときの会話というのが、実は一番リアリティーのある会話**だからです。習ったばかりの文型や言葉に縛られることなく、自分が話したいことを話せますし、そこから学ぶことも多いのです。リアリティーのある会話も日本語学習の1つとして大切にしたいものです。

3 ここがポイント！

> 説明か雑談かはっきりわかるようなメリハリのある導入を心がけます。導入や練習のときに学習者が話しだしたら、それを制して説明や練習に集中させます。会話練習のときは、教師が声がけをしてもとの話題に戻しましょう。

14 学習者側の問題⑦　母語 すべての言語　レベル 中級以上　クラス規模 不問

「クラスでの発言の機会が偏ってしまいます。」

最初に手を上げて解答したり、グループ活動で代表として発表したりする活発な学習者がいます。しかし最近、発言の機会がその学習者に偏っており、いつの間にか「彼に任せておけばいい」という雰囲気になっています。彼の態度にも少し問題があり、他の学習者の話をあまり聞いていない様子が見受けられます。彼のやる気を削がず、発言の機会を公平にするにはどんなことに気を付けたらいいでしょうか。

1 ココに注目！

- ☐ グループ活動を行うとき、「代表」だけを決めていませんか。グループ活動を進めていくためには、「代表」以外にもいろいろな役割があるはずです。例えば、どんな役割があると思いますか。
- ☐ 公の場で発言することに慣れていない、苦手だという学習者は、どんな不安を抱えているでしょうか。想像してみましょう。

2 解決法

　活発な学生のやる気を削ぐことなく、クラス全体に活発な雰囲気を波及させ、各学習者が自然に発言できるような活動の仕組みをいろいろ工夫してみましょう。

活動を活発にして発言を増やす様々な工夫

工夫例1 いろいろな活動形態を織り交ぜる

　人はそれぞれ話しやすい環境があるものです。各学習者が自分の話しやすい活動形態に出会いやすいように、**個別活動、ペア活動、グループ活動、全体活動**等、いろいろ織り交ぜて、教室活動を計画するように心がけてみましょう。

例）「大学生の就職」について意見交換をし、自分の意見をレポートにまとめる活動の場合
　状況：積極的な人だけが意見を述べていて、他の学習者は聞いているだけになっている。
　　　　　　　　　↓
　対処：学習者それぞれが自分の意見を述べ、他の人からコメントをもらえる機会が持てるように、活動全体を通して意見交換の形態を複数取り混ぜる。
　　　例）1回目：ペア
　　　　　2回目：ペア（相手を入れ替える）
　　　　　3回目：同様の意見を持った人4～5人のグループ
　　　　　4回目：異なる意見を持った人4～5人のグループ

工夫例2　「話す」ための準備を促す

　発言が苦手な人の中には、話したいけれども、思っていることをいきなり話せない、一度言葉にして整理する時間がほしい、という人も多いものです。外国語で話すとなるとさらにその傾向は強くなりますので、「話す」準備の時間を設けるとよいでしょう。

- 意見を述べる前に、各自で自分の考えを整理する時間をつくる。メモをつくる、作文を書く等。
- 大勢の前で意見を言うのが苦手という学習者がいる場合、いきなりクラス全体の意見交換に入らず、まず少人数のグループで話させてから、クラス全体の討論に移るという段階を踏ませて、発言へのハードルを下げる。
- 反対意見が不安で発言を控えるような学習者がいる場合は、まず近い意見ごとのグループに分かれてグループで考察を深めさせ、その後、意見の違うグループ対グループで討論させると、味方がいる分、心強くなり発言しやすくなる。

工夫例3　学習者に役割を与える

　役割が与えられると責任を持って行動しなければならなくなり、責任者として発言が求められる場面が訪れます。例えば、グループでディスカッションするときに、「司会者」「議事録作成者」「発表担当者」等、メンバーそれぞれに役割を与えておくと、役割意識が働き、それに伴った発言が増えます。

14　クラスでの発言の機会が偏ってしまいます。

例　グループでテーマを決めて調査発表する活動の場合

　状況：リーダーの指示を聞くだけで、自主的に活動に参加しない学習者がいる。リーダーの負担も予想以上に大きくなっているようだ。

↓

　対処：調査発表に必要な作業を割り出し、各グループ内でそれぞれの作業の担当者を決め、それぞれの作業の進行管理を担当するようにし、クラスでも各担当者の報告の機会を設ける。
　　　　例）調査担当：リン／　話し合い担当：ヨウ／　発表担当：ホン　／　レポート担当：テイ

工夫例4　「能動的な沈黙」は尊重する

　授業では「いかに話すか」ということに意識が集中しがちですが、実は、**よく聞いて理解し、考える、という行動も、学習にとってとても大切**です。よく聞いて考えることで次の発言にもつながっていきます。こうした「能動的な沈黙」が見られた場合は、教師はそれを尊重し、見守りたいものです。

工夫例5　時には冗談や笑いを利用し、話しやすいクラス作りに活かす

　リラックスしたクラスの雰囲気を作るために、時には冗談や笑いなども効果的に利用しましょう。

3　ここがポイント！

> まず発言しにくそうな学習者の発言できない理由を探ってみましょう。それに合わせ、誰もが発言しやすくなるような活動を取り入れることで、発言の多い学習者のやる気も波及し、クラス活動全体が活発になるといいですね。

コラム 私が新米教師だった頃⑤：学習者の急な質問に答えるのが苦手だった

　新米教師の頃は、学習者の急な質問に答えるのが苦手でした。聞かれると、慌てながら、とにかく自分が知っているあらゆることを必死に伝えていたような気がします。特に、文法についてどう説明したらいいのか、苦手意識を持っていました。初級だと文法用語を使って説明しづらく、中級だと質問自体が複雑です。いずれにしても、とっさに説明しきれるか、いつも不安を覚えていました。

　その苦手意識は、授業経験を通して少しずつ解消されてきたようです。特に新米の間は、授業準備や学習者の質問への答えに四苦八苦し、試行錯誤するものですが、その時期の経験は、その後の教師としての成長に大いに役立っていると思います。

　私の場合は、文法説明に関する苦手意識を変えた印象的な授業がありました。それは新米の時に担当した中級前半の文法の授業で、学習者の学習意欲が非常に高く、私は学習者の要望に何とか応えなければならないという切迫した気持ちになっていました。その授業期間は、文法解説の本を片手に、そのクラスの学習者のための説明の手順を考えたり、身近な事柄を使って例文を作ったりすることに集中していました。

　この時期に集中して試行錯誤した結果、文法説明に対処するための習慣や自分なりの方法を身に付けることができました。今でも特に役立っているのが、作ったり集めたりした例文や説明、説明に役立つ図や絵を整理して保管しておき（ノートやデータ等）、必要なときに見返し、ポイントは記憶しておく習慣です。それ以前はとっさの質問に慌てるばかりでしたが、参照できるものを少しずつ積み重ねていくうちに、意味なく慌てることがなくなりました。さらに、焦って答えようとしなくなったので、学習者の話に耳を傾ける余裕ができ、質問に対して以前よりはポイントを絞って説明することができるようになったと思います。（高）

15 対象別の問題① 母語 不問 レベル 初級以上 クラス規模 大人数

「大人数のクラスを任されて、毎日てんてこ舞いです！」

海外の大学で教え始めた新米教師です。赴任早々「日本語中級」という教養課程の授業を任されたのですが、ふたを開けてみると60人近い登録があり、びっくりしてしまいました。こんな大人数のクラスは担当したことがなく、特にクラスの中でどうやって会話練習したりディスカッションしたりしたらよいか、試行錯誤の毎日です。大人数のクラスを教えるコツがあったら知りたいです。

1 ココに注目！

- ☐ 少人数クラスと大人数クラスは実際何が違うのか、分析してみましょう。
- ☐ 少人数クラスであっても大人数クラスであっても、教育として同じでありたいことは何でしょうか。

2 解決法

まず自分の授業環境を見つめ直し、**変えられることと変えられないこと**を整理しましょう。**少人数クラスと大人数クラス**で違いが出てくるのは、次のような点でしょう。

> **Point**
> - 人数：一人一人の発言量や発言の機会の違い等
> - 場所：使える場所の違いや活動形態の制限等
> - 時間：説明、作業、確認、移動にかかる時間等

次に、人数が少なくても多くても、**教育として同じでありたい**ことを挙げます。

> **Point**
> - 学習目標の到達
> - 一人一人の学びの確保
> - 協働による学びの促進
> - 教師の十分な学習支援

大人数クラスの教え方のコツ

以上を踏まえ、大人数クラスに対応するコツとしては次のようなものが挙げられます。

対応例1 ペア活動やグループ活動を積極的に取り入れる

　大人数クラスでは、一人一人の発言の機会が少なくなり、聞く態度もぼんやりしがちなのが最大の難点です。これを克服するため、説明等の全体活動が終わったあとの練習では、積極的にペア活動やグループ活動を取り入れるとよいでしょう。

対応例2 時間管理をしっかりする

　大人数クラスでは、少人数クラス以上に、1つ1つの説明、確認、移動に時間がかかるものです。教案を作るときは、あまり詰め込み過ぎず、時間的余裕を見積もり、教室では時計を置く等して、時間管理をいつも以上にしっかりしましょう。

対応例3 個々の学習者の学習状況を把握しておく

　大人数クラスでは、個々の学生の学習状況が埋もれて見えなくなる恐れがあります。学習目標に到達しているか、途中で何か問題を抱えていないか、ポートフォリオやレポート提出等、個々の学習者が判別できる方法を使い、状況が理解できるように工夫しましょう。

例 個々の学習者の会話力の伸びを把握するための工夫例

❶ 既習項目を使った会話の課題を出す
　↓
❷ ネット等を使って会話の音声を提出させる。学期中に複数回提出させる
　↓
❸ 継続して支援のコメントや評価を行っていく

△日に勉強した敬語を使い、フォーマルな会話を録音して○日までに提出する

大人数の利点をむしろ活かそう！

大人数にも、次のような利点があります。

- ワイワイ盛り上がれる
- いろいろな人と出会っていろいろな考えを知るチャンスがある
- 自分の考えを広く知ってもらえる

むしろ、こうした利点を生かした活動を効果的に取り入れたいものです。

3 ここがポイント！

まずは現状を分析し、学習目標に合わせて、ペアやグループの会話練習やディスカッションを適宜取り入れ、学習者がお互いに学び合う大人数ならではのクラスが作れるといいですね。

16 対象別の問題②　母語 すべての言語　レベル 不問　クラス規模 プライベート

「プライベート・レッスンでの教え方がわかりません。」

プライベート・レッスンの依頼を受けました。これまで、少なくても5名ほどのクラスは持ったことはありますが、1対1のレッスンは初めてです。相手が1人だと、教科書の練習問題等もすぐに終わってしまいそうですが、プライベート・レッスンでの教え方のコツがあれば知りたいです。

1 ココに注目！

- □ プライベート・レッスンを受講する学習者として多いのが、ビジネスパーソン、主婦、年少者等です。それぞれの学習目的には、どんなことがあるでしょうか。
- □ クラスレッスンとの相違点は何だと思いますか。

2 解決法

　プライベート・レッスンが決まったら「どんな日本語を学びたいか」「どんなことができるようになりたいか」という学習目的を知ることから始めます。プライベートは学習者の目的が明確であることが多く、その人に合ったカリキュラムを作ることができます。

学習目的を知ろう

　それぞれ対象別に、具体的にどのような学習目的があるのかを見ると、次のようなことが挙げられます。

- **ビジネスパーソン**：日本語でプレゼンテーションができるようになる、取引先の日本人といい人間関係をつくる、ビジネスメールを書けるようになる等
- **主婦**：生活に必要な日本語（特に買い物や交通機関に関すること）を学ぶ、子どもの学校の母親たちといい人間関係を築く、料理に関する日本語を学ぶ等
- **年少者**：友だちと日本語を使って仲良くなる、学校生活で必要な日本語を学ぶ、教科学習（国語、算数、理科、社会等）が理解できるようになる等

教材選びは目的、興味・関心に合わせて

　学習目的や興味に合わせて教材を選び、教え方を考えていきます。教材はいくつか候補を準備して学習者に選んでもらってもいいでしょう。文型積み上げの教科書を使用する場合、同じ教科書でも学習者が異なれば導入する語彙やそこから派生する話題も異なってきます。そして、目的によっては、市販の教科書を使わないこともあります。

教材例 ビジネスパーソン（目的：ビジネスメールを書けるようになる）
　　→実際にビジネスの場面でやり取りされているメールを印刷したもの
主婦（目的：料理に関する日本語を学ぶ）
　　→料理に関するレシピ本や料理番組のDVD等
年少者（目的：学校で必要な日本語を学ぶ：掃除に関する言葉）
　　→実際の掃除道具、掃除のときの実際の服装等

プライベート・レッスンならではのポイントとは？

プライベート・レッスンでも「文型導入 → 説明（板書）→ 形の練習／Q＆A（教科書の練習）→ 応用練習」という流れはグループの授業と同じですが、配慮するポイントが異なります。

	プライベート・レッスンで配慮するポイント
文型導入	• **個人の興味や目的に合わせて**場面設定や例文提示ができる。イラストや動画等を見せて学習者の考えや興味を引き出してから文型導入をすると定着する。 　**例** アニメが好きな学習者の場合：様々なアニメ映画の1シーンをカードにして示し「〜ことがあります」を導入。 • 通常「全体→個人→全体」で行うリピートは、1人に対し2、3回行い、口がまわらないような場合には少し多めに行う。
説明（板書）	要点は**紙に書く**のがお勧め。授業後、学習者にそのままあげることができる。
形の練習／Q＆A（教科書の練習）	練習問題やQ＆Aは、教科書以外にも学習者の興味や関心、学習目的等に合わせて用意する。Q＆Aなら、最低でも10個は準備したい。質問文も作れるように、学習者から教師への質問もしてもらう。
応用練習	練習やQ＆Aからフリートークに発展することが多い。そこで、学習者が言いたいことであれば、教科書にない初中級や中級の文型、語彙を導入することも可能。

　教科書にある言葉や文型に制限されて自分の言いたいことが言えないというのはとても残念なことですし、**学習者も満足感を得られない**でしょう。プライベートだからこそ、「話したいことがある。だから、それを表現するための日本語を学習する」というレッスンがしやすくなります。

3 ここがポイント！

> プライベートは学習者の目的が明確であることが多く、その人に合った授業作りができます。教科書の練習だけではすぐに終わってしまうので、学習者の興味に合った練習やQ＆Aもプラスして用意していくといいでしょう。

17 対象別の問題③ 母語 すべての言語 レベル 初級 クラス規模 少人数・プライベート

「年少者への教え方がわかりません。」

今度、ブラジル人の小学2年生の子どもに教えることになりました。これまで成人の学習者には教えたことはありますが、子どもに教えるのは初めてです。大人と違って、子どもはすぐに言葉も覚えると思うのですが、子どもに教える際のポイントがあったら教えてください。

1 ココに注目！

- ☐ 子どもが必要とする日本語とはどんな日本語だと思いますか。具体的に考えてみましょう（例：学校でのあいさつ、教科の名称）。
- ☐ 文型導入や練習では、どんな工夫が必要でしょうか。

2 解決法

近年、日本の小・中学校で外国籍の子どもたちが増えています。中でも切実な問題を抱えているのが定住や滞在のために来日した子どもたちです。年齢や性格にもよりますが、子どもは大人に比べ、話す力、聞く力が早く身に付くと言われています。しかし、日本語によるコミュニケーション力が付いたからといって、学校の授業についていける日本語力があるかというと、そうではありません。**話す、聞く能力だけでなく、読む、書く力も付けていかなければならない**ので、すべてを伸ばしてあげられる日本語の指導が必要となります。

どんな日本語が必要なのか ── まずは学校で使われる語彙を

子どもたちの生活の中心は学校です。そこで使われる語彙、表現を中心に学んでいき、最終的には学校の授業についていける力が身に付くように指導していきます。

具体例

日本の習慣、規則、学校生活になじむための日本語
- 例 あいさつ：「おはようございます」「ありがとうございます」「ごめんなさい」「どうぞ」等。それ以外にも「起立」「着席」「礼」、食事のあいさつ等

教科学習（国語、算数等）につながる日本語
- 例 足し算：　りんごは　ぜんぶで　なんこですか。
　　　　　　　3（さん）＋ 2（に）＝ 5（ご）　　5こです。

市販されている子ども向けの日本語教科書も少しずつ増えてきました。そのような教材は、子どもたちが学校や生活の中で出会う具体的な場面設定がされ、語彙や文型等が学べます。

教科学習につなげていける工夫が見られるものもあります。

子どもならではの工夫を！

　日本で日本語を学ぶ子どもの多くが、親の都合で来日し、日本語学習を余儀なくされた子どもたちです。在籍学級で先生の話すことがわからないまま、じっと座っているというケースもあります。せめて日本語学習のときくらいは、のびのびと自分が出せるように楽しいレッスンを心がけたいものです。

項目	説明
文型導入	・子どもの身近な**場面、状況を忠実に再現**する。 　例 教室、校庭、体育館、手洗い場等 ・絵、レアリア、写真等を積極的に活用する。 ・口頭による説明、文字による説明は避ける。
練習／応用	・同じ練習をだらだら続けるのは禁物。 ・子どもの集中力はそんなに続くものではない（30〜40分程度）。**変化に富んだ練習**を。 　例 動詞の活用を学ぶ➡絵カードや文字カードを見て言う、ビンゴ、かるたとり、歌で覚える等 ・カードを自分で作らせてもよい。 ・勝敗をつけてゲーム性を持たせてもよい。 ・子どもの興味や、やる気を引き出すような工夫をする。 　例 子どもの好きな食べ物、アニメ、乗り物、遊び等を話題にしたり、教材に使ったりする

体を使って学ぶ教授法（TPR）は子どもの学習には最適

　言葉や文型を覚える際に、体を使って学ぶTPR*という教授法があります。学校生活における基本的な動作や、日常で使われる語彙、表現を学ぶことができます。文字カードを使えば、ひらがな、カタカナ、漢字学習もできます。

- 教師が「〜ましょう」「〜てください」等と指示し、学習者は全身で反応する。
- 聞くことを話すことよりも優先するので、聞ければよい。

　　例 文房具の名前を覚える／文房具の出し入れをする

　　　教師の指示文： ノートを出しましょう。ノートをしまいましょう。
　　　　　　　　　　筆箱と下敷きを出してください。ペンを出してください。

＊TPR（Total Physical Response）：アメリカの心理学者ジェームス・J・アッシャーが提唱

3 ここがポイント！

「話す、聞く、読む、書く」4技能を身に付けさせ、教科学習につなげていけるような日本語指導が必要です。身近な場面を設定し、ゲーム性を持たせた練習等、楽しく学べる工夫を！

3章　クラス運営、ココで困った！対象別の問題③

18 対象別の問題④

母語 不問　**レベル** 中級以上　**クラス規模** 少人数・プライベート

「社会人として経験豊富なビジネスパーソンに適した練習とは？」

会社員が受講する会話クラスを受け持つことになりました。受講生は4人で、日本語能力は中上級。総務部によると、あいさつや簡単な雑談はできるらしいのですが、商談も行えるようになるのが目標とのことでした。全員、自分より年上で、一般的な知識や社会経験も豊富な方だということ。会話練習がメインになる予定ですが、他にどんな活動が適当でしょうか。

1 ココに注目！

- □ 今回担当する会社員はどのような場面で日本語を使う可能性があるのでしょうか。できれば事前にヒアリングしておきましょう。
- □ 受講生の現在の仕事内容（例：部署、役職、専門分野）も確認しておきましょう。
- □ どのような教室を使うかも事前に確認しておきましょう（例：大きな会議室なのか、小部屋なのか、独立した部屋なのか）。

2 解決法

　学習者自身が社会人としてすでに持っている知識や経験を活かした学習活動を計画するのが適しているでしょう。社会における実践力を付けることが明確に求められているならば、事前あるいは授業開始直後、使用場面や希望する日本語力についてヒアリングを行いましょう。

　また、教室の設備や規模によって活動形態が左右されやすい（例：音声や映像の使えない部屋なので聞き取りの活動が計画しにくい）ので、教室環境（例：音声は使えるか、LANとPCはその場ですぐに使えるか、ペアワークができるような椅子配置が可能か）を事前にチェックすることをお勧めします。その上で、学習者のニーズや教室条件に合わせ、教室活動を組み立ててみましょう。市販のビジネスパーソン向けテキストを利用しつつ、次のような工夫もできます。

工夫例1　母語によるビジネス場面との比較をする

学習者の母語によるビジネス場面を比較しながら、同じような表現や違う表現等をいっしょに整理すると、本人の経験も生き、理解も深まります。

> 例　名刺交換の場面において、その方法と会話を比較しながら、日本のビジネスマナーについて理解を深める。

工夫例2　これまでの日本体験について語る

ビジネスでは相互の文化理解も大切になってきます。日本の社会的慣習や文化を知ったり考えたりすることも織り交ぜてみましょう。日本人との交流や社会体験を振り返り、習慣や文化を推測させる活動も盛り上がります。

> 例　学習者が北米出身の場合：アメリカと日本のお土産文化を比較しながら、日本でお土産を渡す場面を想定し、会話練習につなげていく。

工夫例3　対話を通して学習目標を具体的に立てる

「会話が上手になりたい」という希望だけで、具体的な学習目標が見受けられない学習者の場合は、教師が学習者に問いかけ、学習者が考えて答える形で学習目標を立てる支援をするとよいでしょう。

	問いかけ例	返答例
振り返り	・これまでの経験の中で、会話が難しかった場面を思い出す ・実際には、どのように話したか ・それは正しかったかどうか	→ ゴルフの上手な取引先の目上の人をほめるのが難しかった → 失礼なことを言ってしまいそうで言えなかった → 友好を深める機会だったので残念に思っている
対策	・どのような学習をしたらよいと思うか	→ 日本語のほめ言葉の定型を勉強したい
膨らませる	・次はどのように話そうと思うか	→ できるだけ定形に沿いつつ、積極的にほめてみたい

3章　クラス運営、ココで困った！　対象別の問題④

18 社会人として経験豊富なビジネスパーソンに適した練習とは？

工夫例4 公的に話すスキルを強化させる

　雑談とビジネスの日本語に相違があることを認識してもらい、社会的場面で話すスキル（例：敬語で話す・依頼や断りの言い方を知る）を学習することも役立つでしょう。

例　敬語で話す練習：「です・ます」を使った雑談はしている場合

❶ いつもの同僚同士の雑談をする（テーマ例：今度のゴールデン・ウィークに何をするつもりか）。

↓

❷ 教師はそれを録音し、一部分でもいいので文字起こしをしておく。

↓

❸ 敬語を全く知らない、もしくは曖昧な場合は、敬語の体系や語彙を説明する。

↓

❹ 会話の相手が目上の人や取引先の人である場合を想定し、雑談のときと同じテーマで丁寧な会話を作る。まず練習として、雑談の会話の文字起こしを見ながら、どこを敬語や丁寧な言い方に変えられるか考える。

> **ココがポイント！**
> 雑談と丁寧な会話の違いを学習者自身に発見してもらう

↓

❺ 作った丁寧な会話を見ながら、実際に会話してみる。さらにこなれた会話になるように、教師は適宜アドバイスする。

3 ここがポイント！

　まず、会社側に協力してもらいながら必要な情報を集め、学習目標を確認します。次にそれらに基づいて、テキストを選び、学習者に身近な話題や課題を選択しましょう。あとは、学習者の社会経験を存分に活かしながら、活動を計画していきましょう。

コラム　言葉探し　〜辞書から適切な言葉を探す

　辞書には1つの語に対して訳語がいくつも載っていることがありますが、その中から適切な言葉を探し、選び出すのは、学習者にとって難しいことです。学習者がどんなことを言いたいのか、教師は対話をしながらいっしょに言葉を探していきます。

学習者の作文例
　私は20歳のとき、パリを旅行しました。カルチャーショックはすばらしい追憶を残しました。

作文をもとに行ったフィードバック
　教師：　「追憶」は何ですか。
　学習者：（辞書を見ながら）memory、回想？覚えていることです。
　教師：　カルチャーショックが頭の中にずっとありました、という意味ですか。
　学習者：はい、そうです。今も追憶を私の頭の中？ハートの中？に残します。
　教師：　では、ここでは「思い出」がいいと思います。「追憶」は少し文学的です。

　いくつかある言い方の中から選ぶときには、以下のような手順で適切な言葉を探っていくといいでしょう。

① まずは学習者に話させてみて、学習者が言いたいことを聞く
② 適切な言い方を示す
③ どうしてそれがいいのかを簡単に説明する

　以前、「靴を履いている女性」と表現するところを、「靴に乗っている女性」と言う学習者がいました。ヒールの高い靴を履く日本人女性を見て、その学習者は意図的に「乗る」という動詞を使ったのです。文面だけを見ると不適切な表現でも、実は学習者にはそれぞれ言いたいこと、意図していることがある場合があります。それを汲み取って、学習者の考えや意図に沿った表現を、対話をしながら探っていきましょう。

巻末付録

巻末付録では、本文で使用した表のテンプレートや関連教案、資料等をまとめて掲載しています。ご自分の授業を準備するときの参考資料として、ご活用ください。

聴解力評価表 (→p.121)

2章25「聴解力を評価するのにどんなことに注意したらいいですか。」で紹介している「聴解力の評価表」です。

評価表(ひょうかひょう)

月　　日　　名前＿＿＿＿＿＿＿＿

リスニングクイズ	会話クイズ	授業参加度(じゅぎょうさんかど)	期末テスト(きまつ)	合計(ごうけい)
／20	／20	／30	／30	／100

コメント：

教師が学習目標を設定したり学習方法を考えたりするための調査例 (→p.176)

授業開始時に、どのようなヒアリングや調査を行うとよいか、レベル別に具体例とチェックポイントを紹介します。

1．初級クラスの開始時に、1人ずつ短時間の面談を行う。基本的な質問は同じにし、各学習者の答え方と話の内容から、その時点での発話力を測り、今後の学習のための課題を探る。

   チェックポイントの例：

   > □　質問が聞き取れているか。
   > □　発音は明瞭か。今後特に練習すべき点はどこか。
   > □　日本語による対人コミュニケーションに慣れているか。(例：あいづちを自然に打ちながら聞いているか)

2．初中級クラスの開始時に、学習者のバックグラウンドを知るためだけでなく、初級の文型や語彙、漢字の知識がどのくらい定着しているか、どのくらい運用できるかを知るため、「自己紹介文を自由に書く」という課題 (例：時間を決めて教室で書かせる)、または宿題を出す。

   チェックポイントの例：

   > □　使われている文型、語彙、漢字のバリエーション。
   > □　語や文の正確さ、適切さ。
   > □　句読点や段落などの正確さ、適切さ。

3．中級クラスの開始時に、受講生が実際のコミュニケーションにどのくらい慣れているかを知るため、「担当の先生に、授業に欠席することを伝えるメールを書いて送る」という宿題を出す。

   チェックポイントの例：

   > □　敬語の知識と運用力。
   > □　依頼の文が、正確に、適切に、つくれるか。
   > □　メールの文章構成が適切にできるか。

付録

課外活動「防災館へ行こう」教材資料 (→p.160・162)

2章42「課外活動をどう学習につなげたらいいかわかりません。」のコラムで紹介している文化活動「防災館へ行こう」の授業で使用する教材資料です。

教材資料1

課外活動　防災館へ行こう

> 今日の午後、防災館へ行きます。災害について学びましょう。そして、体験しましょう。

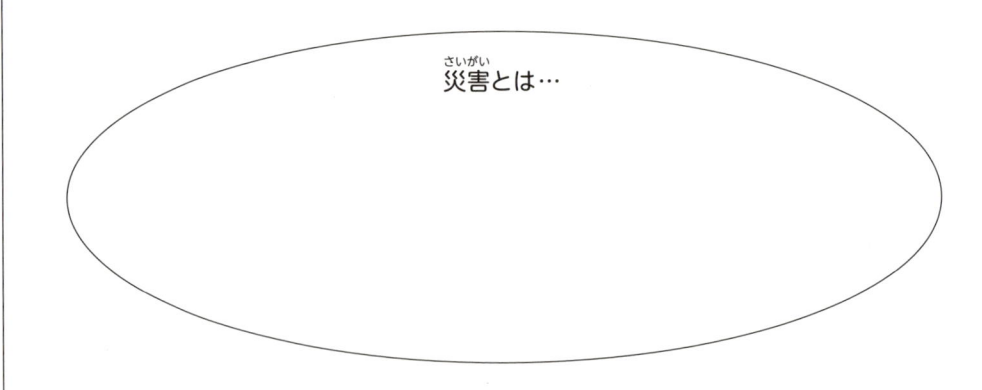

災害とは…

（　　　　　　　　　　　　）

災害に関することば

「外国人用地震災害基礎語彙100」のリスト

• 地震	• 揺れる	• 倒れる	• 危ない	• 落ちる
• 震度	• 避難	• ガラス	• 逃げる	• けが
︙	︙	︙	︙	︙

◆ あなたはどれくらい知っていますか。(100個の中で＿＿＿個　知っています)
◆ はじめてきくことばを1つ選んで辞書で調べましょう。そのことばを説明してみましょう。
◆ グループで話しましょう。
  • あなたの国では、どんな災害がありますか。
  • あなたはどんな災害にあったことがありますか。そのとき、どうしましたか。どんな気持ちでしたか。

教材資料2

防災クイズ（地震のとき）

Q1　これは地震の時に必要なものです。大地震がおきたとき、いちばん重要なものは何ですか？

　　1　水　　　2　カンパン　　3　懐中電灯　　4　携帯ラジオ　　5　のこぎり
　　6　薬　　　7　十円玉　　　8　スリッパ　　9　笛　　　　　10　多機能ナイフ

Q2　家にいる時、大地震がおきました。さいしょに何をしますか。
　　A　ドアやまどを開ける　　B　ガスの元栓をしめる　　C　つくえの下にかくれる

Q3　そとにいる時、大地震がおきました。どこに避難しますか。
　　A　コンビニエンスストア　　B　ガソリンスタンド　　C　交番

Q4　スーパーマーケットにいる時、大地震がおきました。どうしますか。
　　A　買い物かごをかぶってうずくまる　　B　コンクリートの柱の下に避難する
　　C　非常口から逃げる

Q5　海にいる時、地震がおきました。どうしますか。
　　A　海の様子をよく見る　　B　津波注意報、津波警報を聞く
　　C　すぐに高い所や高いビルに避難する

防災グッズ リスト

防災グッズリストをグループで作りましょう。

防災館で、たくさん聞いて、見て、体験して、感じてください。

付録

教案紹介

　授業で何をするか、どのような順番で進めるか、ポイントは何か等をまとめたものが教案です。形式は決まったものはなく、ここで紹介するのは一例です。さまざまな書き方がありますので、例を参考に、自分で工夫して使いやすいものをつくってください。

教案例

授業計画案　　　　　　　　　　　　　　　　　　　　　　　　　　T：教師　　L：学習者

20XX年5月14日	1限　9:00～9:50	初級1クラス	担当：●●
指導項目 • V-辞書形 •（V-辞書形）のが好きです		学習目標 • 自分の好きなこと（趣味）について話せる。 • 相手の好きなこと（趣味）について聞くことができる。 • 自己紹介ができる。	

時間・流れ	活動	留意点	教材
9:00 ウォーミングアップ	T：おはようございます。 　　みなさん、きのうは何をしましたか。	きのうの出来事について一人ずつ聞く。	
9:03 辞書形 導入	T：みなさんは何が好きですか。 　　私はサッカーが好きです。 ［板書］ わたしは　（名詞)が　すきです。 T：私はサッカーを見ます。好きです。 　　サッカーを見るのが好きです。 　　サッカーをします。好きです。 　　サッカーをするのが好きです。 ［板書］ わたしは　（動詞)のが　すきです。	「(名詞)が好きです」の復習を兼ねて。ウォーミングアップの流れから好きなものを聞く。 「見る」「する」強調して言う。	

時間・流れ	活動	留意点	教材
文法説明	T：サッカーを「見ます」「します」は動詞です。 「見るのが好きです」「するのが好きです」、 「見る」「する」は辞書形です。 「見る」「する」は辞書にあります。 「見ます」「します」は辞書にありません。 「見る」「する」は辞書形です。 ［板書］ わたしは　（動詞）のが　すきです。 　　　　　　　　↑ 　　　　　　　辞書形 T：今日は辞書形を勉強します。	「見る」「する」強調して言う。 辞書を持って言う。	辞書
9:05 辞書形 形の説明 1グループの動詞	T：動詞は、3つのグループがありましたね。 　　1グループは？ L：買います。 T：はい、そうですね。買います。 「買います」、「ます」の前「い」は「う」、「買う」です。 「書きます」、「ます」の前「き」は「く」、「書く」です。 板書 1グループ 　かいi ます　かきi ます 　　↓　　　　　↓ 　かうu 　　　かくu T：では、「読みます」は？ L：読む？ T：そうですね。では「待ちます」は？ 　　　：	1グループの動詞を確認。Lに動詞を言ってもらう。 形のルールを説明しながら板書。	

付録

時間・流れ	活動	留意点	教材
形の説明 2グループ の動詞	T：では、2グループの動詞は、何がありますか。 L：食べます。 T：はい、食べます。 　　2グループの動詞は、「ます」をとります、「る」です。 ［板書］ 　1グループ　　　　　　　2グループ 　　かい i ます　かき i ます　　たべ ます 　　　↓　　　　　↓　　　　　　　る 　　かう u　　　かく u T：では、「寝ます」は？ L：寝る。	板書を付け足す。	
形の説明 3グループ の動詞	T：3グループの動詞は、何がありますか。 L：します、来ます。 T：そうですね。「します」と「来ます」2つだけです。 　　「します」は「する」、「来ます」は「来る」です。 ［板書］ 　1グループ　　　　　　　2グループ 　　かい i ます　かき i ます　　たべ ます 　　　↓　　　　　↓　　　　　　　る 　　かう u　　　かく u 　3グループ 　　します→する 　　きます→くる	板書を付け足す。	
9:10 変形練習①	T：では、練習しましょう。 　　「買います」、「買う」。では、「聞きます」は？ 　（後で配布する動詞リストを見ながら、キューを出す）	テンポよくキューを出す。	動詞リスト
変形練習②	T：今度はペアで練習しましょう。 　（動詞リスト配布） 　　これは動詞のリストです。全部、マス形です。 　　ペアで、一人が先生、一人が学生です。 　　先生はリストを見て、マス形を言います。 　　学生は辞書形を言ってください。 L：（ペアで練習する）	リストに辞書形を書き込んでいる人がいたら、今は口頭で練習するよう指示。書きは宿題。	動詞リスト

時間・流れ	活動	留意点	教材
9:20 〜のが好き です　練習	T：(最初の「(動詞)のがすきです」の板書を示しながら) 　私はサッカーをします。好きです。 　サッカーをするのが好きです。 　サッカーを見ます。好きです。 L：サッカーを見るのが好きです。 　キュー　写真をとります。 　　　　　音楽を聞きます。 　　　　　スポーツをします。 　　　　　本を読みます。 　　　　　料理を作ります。 　　　　　ピアノをひきます。 　　　　　映画を見ます。		
〜のが好き ですQ＆A	T：私は映画を見るのが好きです。 　　L1さんは何をするのが好きですか。 L1：私は音楽を聞くのが好きです。 T：そうですか。いいですね。 T：何をするのが好きですか。 L：何をするのが好きですか。(全体－個人－全体でリピート) T：ではみなさん、L1さんに聞いてください。 L：L1さんは何をするのが好きですか。 L1：私は音楽を聞くのが好きです。	質問文が言えないLがいたら、もう一度全体でリピート。	
9:25 応用練習① 　手順説明 　活動	T：では、こんどはクラスメートにインタビューをします。 　(インタビューシートを配布。シートを示しながら) 　ここにクラスメートの名前を書きます。 　ミンさん。(とシートに名前を書き込むジェスチャー) 　ミンさんは何をするのが好きです。 L(ミン)：私は料理を作るのが好きです。 T：料理をつくる(とシートに書き込むジェスチャー) 　では、クラスメートに聞いてください。 　　　　　　： (インタビュー活動) 　　　　　　：	インタビューシートを示しながら、やって見せる。 手順がわかっているか注意。	インタビューシート

付録

時間・流れ	活動	留意点	教材
振り返り	T：みなさん、聞きましたか。 　　ミンさん、ダヌポンさんは何をするのが好きですか。 L（ミン）：ダヌポンさんはジョギングをするのが好きです。	聞いたことを報告させる。	
9:35 応用練習② 手順説明	T：みなさん、ここは初めての日本語のクラスです。 　　今日初めて会いますから、自己紹介をします。 　　はじめまして。●●と申します。 　　東京の出身です。大学で日本語を教えています。 　　私はケーキを作るのが好きです。 　　それから、旅行をするのが好きです。 　　みなさん、どうぞよろしくおねがいします。 T：では、みなさんも自己紹介をしましょう。 　　「何をするのが好きですか」話してくださいね。 　　まず、となりの人と自己紹介の練習をしましょう。	できるだけ既習項目を使うように。	
ペアワーク	（ペアワーク→一人ずつ発表）		
9:45 まとめ ディクテーション 宿題の指示	T：私が言います。みなさん、ノートに書いてください。 ・私は歌を歌うのが好きです。 ・スポーツをするのは、好きじゃありません。 T：今日は、辞書形を勉強しました。 　　動詞のリストに辞書形を書いてください。宿題です。 　　では、授業はおわりです。また明日会いましょう。	時間があれば、Lに板書してもらう。	

語句索引

アルファベット

BJTビジネス日本語能力テスト	79
build-up方式	52
Can-do	122
EJU	78
JLPT	78
PDCAサイクル	44
PDSAサイクル	44
TPR	207

あ

アクセント	91, 93, 96
「あげる」	70

い

意味記憶	168
インタビュータスク	60
イントネーション	91, 96
インフォメーションギャップ	47
引用	49

う

受身形	62

え

絵	28, 153
英語	190
絵カード	23, 30, 152
エピソード記憶	168

お

応答練習	59
応用練習	16, 44
大人数クラス	39, 171, 202

か

会意文字	140
会話ドリル	60
会話力	100
課外活動	160, 162
学習意欲	184
学習環境	21
学習ストラテジー	125
学習内容	76
学習のプロセス	89
学習目的	204
学習目標	76
拡張練習	59
化石化	106
形の練習	42
かるた	69
漢字	136
漢字圏	138, 173
観賞	160
完成練習	59

き

機械ドリル	58
既習漢字	136
気持ち	55
キュー	40
教案	26, 218
教科書	18
教具	22

く

クレーム	186
「くれる」	70

け

敬語	73, 74
形声文字	140
見学	160
言語能力	105
謙譲語	73

こ

語彙	22, 156
語彙マップ	145, 146
口頭発表	112
言葉探し	211
コミュニケーション・ストラテジー	101
コミュニケーション能力	105
誤用	106

さ

作文	80, 82, 88, 135, 150

し

ジェスチャー	154
試験	78
自作教材	19
指事文字	140
辞書	147, 194, 211
自他動詞	24, 68

実際の会話	100
実物	22, 25, 152
自動詞	68
指導書	26
社会言語能力	105
社会人	208
写真	23, 153
シャドーイング	91
就学	185
授受表現	70
出入国管理及び難民認定法	185
象形文字	140
少人数クラス	202
初級	77
自律学習	177
新出語彙	156

す

スキミング	119, 127
スキャニング	118, 127
ステレオタイプ	159
ストラテジー	125
スピーチ	108

せ

成績表	186
精読	127, 128

そ

相互学習	177
速読	128
尊敬語	73

た

体験	160
代入練習	59
他動詞	68
多読	128
短期コース	126
単文	53
談話能力	105

ち

中級	77
聴解力	116, 122
著作権	49
著作権法	49

つ

通読	127

て

ディクテーション	149
定着化	106
丁重語	73
丁寧語	73
「〜てくれる」	54
テ形	58
テスト	130
「〜てもらう」	55
添削	86, 142, 150

と

動機	51
動作	154
到達目標	120
倒置	180
導入	16, 26, 30, 34, 36, 40
読解	126
ドリル	58

に

日本語教師の仕事	50
日本語教師の役割	50
日本語能力テスト	78
日本事情	158
日本人ボランティア	174
日本留学試験	78
ニュアンス	54
入管法	185
入国管理局	185

ね

年少者	206

の

能動的な沈黙	200
ノート	192

は

拍	91
パターン・プラクティス	58
発音	90, 94
場面ドリル	60
板書	32
反復練習	59

ひ

ピア・リーディング	89

ヒアリング調査	176
被害の受身	62
美化語	73
非漢字圏	138, 173
ビジネスパーソン	208
評価	88, 96, 102, 110, 120
評価基準	120, 186
評価項目	186
評価表	111, 121
表記	148
ビルドアップ方式	52

ふ

不安	178
復習クイズ	44
複文	52
フット	93
プライベート・レッスン	18, 204
フラッシュカード	69
プレースメントテスト	76
プレタスク	80, 160
文型	30, 58

へ

ペア	43, 172
ペアワーク	172
ペープサート	36
変形練習	59

ほ

方略的能力	105
ポートフォリオ	89
ポートフォリオ学習	89
母語	190

み

ミニタスク	17
ミニマル・ペア	96
身振り	28
耳型	173

め

名詞修飾文	66
迷惑の受身	62
目型	173

も

文字カード	24
モデル会話	100
「もらう」	70

よ

予測	127
読み方	128
読む力	128

り

六書	140
リズム	93
リピート	42
留学	185

れ

例文	20, 27
レベル差	177
練習	16
練習問題	20
連想ゲーム	69

ろ

ロールプレイ	60

ん

「～んです」	64

テーマ別索引

アルファベット

build-up方式の練習	52
Can-doを示す	122

あ行

安心して学べる環境ををを作る	178
受身形の教え方	62
英語の使用への対処法	190
応用練習のさせ方	46
大人数クラスの悩み	39

か行

会話の評価法	102
会話の誤用訂正法	106
会話力を高める教え方	100
課外授業の仕方	160
課外授業の実例	160
学習者参加の導入法	36
学習者に関する資料	187

学習者のニーズ	144
学習者の沈黙	29
学習者の名前を覚える	168
学習者の不安	178
活動の説明をする	180
漢字の覚え方	140
漢字の構成	140
漢字の授業の仕方	136, 138
漢字の添削法	142
感情的な学習者への対応	189
「気持ち」のニュアンスを理解する	54
疑問のきっかけを理解する	166
教科書選び	18
教材選び	204
教師が話過ぎる	36
クラスの一体感を作る	50
敬語の教え方	74
敬語の種類	73
語彙の説明の仕方	22
語彙の導入時期	156
声を出さない生徒への対処法	42
誤答の原因を探る	44
言葉の意味の説明	152
子どもに教える	206

さ行

作文の構成を考える	85
作文の授業の仕方	80
作文のテーマ	82, 135
作文の添削方法	86, 150
時間があまる	16
時間が足りない	16
辞書使用のメリット・デメリット	194
辞書を使った漢字授業	147
自他動詞の教え方	68
実物の準備	22
授受表現の教え方	70
自律学習を促す	177
スピーチテーマの決め方	108
スピーチの評価法	110
成績へのクレームの対処法	186
成績の付け方	186

た行

脱線した授業の立て直しかた	196
短期コースの読解クラス	126
単調な授業になる	40
中級クラスでの初級文型の扱い方	76
中上級の漢字	144
聴解の授業の仕方	116, 118
聴解の評価法	120, 122
テ形の教え方	58
導入の仕方	26
読解の授業の仕方	126, 128, 132

読解のテストの作り方	130
読解のフィードバック	132
突然の質問への対処法	166

な行

名前を覚える工夫	168
日本語能力を測る試験	78
日本語らしい発音	93
日本事情の授業	158
日本人ボランティアの活用法	174
ノートのとり方	192

は行

発音の教え方	90
発音の訂正法	94
発音の評価法	96
発言の機会が偏る	198
板書の仕方	32
ビジネスパーソンに教える	208
表記の添削	150
複文を使わせる	52
プライベートレッスンの教え方	204
文型の導入	30
文の中で漢字を使う練習	137
ペアの組ませ方	172

ま行

学びの場を作る	51
名詞修飾文の教え方	66

ら行

理解の確認	34
レベル差を利用する	177
レベルを把握する	177
練習問題に飽きる	20

わ行・ん

わかりやすい説明の仕方	180
「〜んです」の教え方	64

著者紹介

鴻野 豊子（こうの とよこ）

神田外語大学大学院言語科学研究科日本語学専攻修士課程修了。カイ日本語スクール、韓国釜山外国語大学、早稲田大学等で日本語教育に携わる。現在は法政大学短期日本語プログラム兼任講師、東京大学大学院工学系研究科社会基盤学専攻日本語教室講師。
共著に『ゴイタツ日本語教師を目指せ！』（アルク）や『日本語教師の7つ道具シリーズ① 授業の作り方Q&A78編』『日本語教師の7つ道具シリーズ③ 作文編』『日本語教師の7つ道具シリーズ④ 語彙編』『日本語教師の7つ道具シリーズ⑤ 読解編』、単著に『日本語教師の7つ道具シリーズ⑦ 会話編』（いずれもアルク）等。

高木 美嘉（たかぎ みよし）

早稲田大学大学院日本語教育研究科博士課程修了。博士（日本語教育学）。専門はコミュニケーション教育、敬語、待遇表現。韓国の大学の専任講師を経て、朝日カルチャーセンター、神田外語大学、慶応義塾大学などで留学生に日本語を教える。また、大学で日本語教師の育成にも携わる。
共著に『敬語表現ハンドブック』（大修館書店）、『日本語ライブラリー　敬語コミュニケーション』（朝倉書店）等。

カバーデザイン：山口秀昭（Studio Flavor）
カバー＆本文イラスト：ミヤワキキヨミ
編集：青山美佳
組版：風工舎

新人日本語教師のためのお助け便利帖

2015年9月17日 初版 第1刷 発行
2022年7月15日 初版 第3刷 発行

著者　　鴻野豊子（こうのとよこ）・高木美嘉（たかぎみよし）
発行人　佐々木 幹夫
発行所　株式会社 翔泳社
　　　　（https://www.shoeisha.co.jp）
印刷・製本　株式会社 広済堂ネクスト
©2015 Toyoko Kohno, Miyoshi Takagi

本書は著作権法上の保護を受けています。本書の一部または全部について（ソフトウェアおよびプログラムを含む）、株式会社 翔泳社から文書による許諾を得ずに、いかなる方法においても無断で複写、複製することは禁じられています。
本書へのお問い合わせについては、2ページに記載の内容をお読みください。
造本には細心の注意を払っておりますが、万一、乱丁（ページの順序違い）や落丁（ページの抜け）がございましたら、お取り替えします。03-5362-3705までご連絡ください。

ISBN978-4-7981-4219-7

Printed in Japan